LE CREUSET

Benoît R. Sorel

LE CREUSET

Recueil de textes 2019

– BoD –

© 2019, Sorel, Benoît R.
Edition : Books on Demand,
12/14 rond-Point des Champs-Elysées, 75008 Paris
Impression : BoD - Books on Demand, Norderstedt, Allemagne
ISBN : 9782322186822
Dépôt légal : octobre 2019

DU MÊME AUTEUR

Savoir-faire
L'élevage professionnel d'insectes
La gestion des insectes en agriculture naturelle
L'agroécologie : cours théorique
L'agroécologie : cours technique
Les cinq pratiques du jardinage agroécologique

Essais
NAGESI. *Recueil de textes*
Réflexions politiques
À la recherche de la morale française
L'agroécologie c'est super cool !
L'éphéxis au jardin
Sens de la vie et pseudo-sciences
Le bonheur au jardin
Pensées cristallisées. *Recueil de textes*
La méditation intellectuelle

Fictions
L'esprit de la nuit
Les secrets de Montfort
Fulgurance
Saint-Lô Futur
La jeune fille sur le chemin bleu
Le don

Internet   jardindesfrenes.com

SOMMAIRE

Au jardin
Histoires de chats 1
Du symbole 13
Alimentation et santé 21
Techniques et nature : la bonne question 29
Les aliments biologiques composés sont nuisibles 33
Doit-on aimer la nature ? 38
Du fauchage : pratique et spiritualité du fer 44
Temps et valeur 53

En société
Argent, tu ne me plais plus 61
Au nom de quoi ? La disparition du travail artisanal ... 73
Notre président est-il un intellectuel ? 82
Tolérance et respect 87
Le terrain de tennis délabré 95
Du vêtement 108
Alita l'a-humaine 114
Le monde bougeait 130

En théorie
La prochaine guerre 159
L'énergie du totalitarisme 177
Qu'est-ce que la vérité ? 184
Peut-on communiquer ? 192

En soi-même
Pourquoi écrire ? 205
Destins croisés 211
De quoi avons-nous peur ? 222
Le poids de soi-même 230

HISTOIRES DE CHATS

Janvier – mars 2019

Avant-propos sur l'auteur

Les petites histoires qui suivent font sens. Parfois. Quand elles ne le font pas, c'est ainsi, il n'y a rien à y faire. Je ne peux pas les écrire autrement. C'est le privilège de l'écrivain que de pouvoir écrire avec logique des pensées illogiques. Donc il ne se prive pas de le faire.

Quand elles font sens, on me reprocherait leur promptitude, leur platitude, leur finitude ou encore leur lourdeur pour le moral. Mais l'écrivain est-il là pour vous donner à lire ce que vous attendez ? Dans la forme que vous attendez, avec le style que vous attendez ? Chaque lecteur est unique, chaque lecteur lit avec ses attentes ; donc je ne puis pas satisfaire tout le monde avec mes écrits.

À travers mes écrits, c'est mon cheminement personnel que je relate, plus ou moins romancé. Je crois que je chemine en toute franchise avec moi-même, je crois que je ne me mens pas. Donc parce que c'est un cheminement sincère que je relate, je crois que d'autres personnes auront envie de me lire. Je crois que d'autres personnes que moi-même trouveront mes réflexions utiles et stimulantes. Mais pas tout le monde, évidemment.

Je n'écris pas pour faire plaisir au plus grand nombre. Je ne l'ai jamais fait, pour aucun de mes livres. Je suis un original, presque un marginal ; si vous tenez un de mes écrits entre vos mains, c'est que vous aussi vous l'êtes. Un peu. Beaucoup. Ou que vous aspirez à le devenir. Mes écrits sont conçus pour être des outils et des stimulants pour les personnes qui sont dans un cheminement personnel similaire au mien : un chemin de libre-penseur.

C'est la raison pour laquelle mon style est direct. C'est la raison pour laquelle je n'épargne aucune critique désagréable, aucun sujet qui est difficile pour le moral. Je suis un combattant : j'aime relever le défi de décortiquer les émotions négatives et les émotions difficiles à saisir.

Je suis quelqu'un qui connaît la joie de vivre, je vous le garantis. Mais je reconnais que je ne fais pas beaucoup transparaître ma joie de vivre dans mes écrits. Ma joie de vivre… je la vis, tout simplement ! En semant, en arrosant, en regardant mes chats, en humant l'air de bon matin dans mon jardin.

Ces derniers temps, j'ai compris que ma double activité de jardinier et d'écrivain m'isole. J'ai très peu d'amis et, surtout, je ne fais rien en commun. Je ne suis actif dans aucune association ; je ne participe à aucun projet avec plusieurs personnes. Je suis « enfermé dans vie ». Cependant, en écoutant attentivement tous les commentaires de mon entourage, je pense désormais être en capacité de transmettre ma joie de vivre non plus seulement à mes plantes et à mes chats, mais à d'autres personnes ! Si je veux « continuer à avancer », il faudrait que je transmette un peu plus ma joie de vivre qu'à mon seul jardin et via mes livres. Il faut que je la communique directement. Je le peux, mais je dois presque apprendre comment faire ! Mes capacités sociales sont sous-développées, c'est un fait. Je constate que pour beaucoup de personnes, la vie sociale est l'alpha et l'oméga. En discutant, en parlant, on acquière des idées nouvelles, des points de vue nouveaux. Et on transmet les siens. Et on élabore ensemble de nouvelles idées. Et on partage des expériences et des émotions. Pour beaucoup de personnes, la vie n'a donc de sens que si elle se fait pour et par les autres personnes.

Le contact humain est la clé de voûte de la vie. En toute sincérité, j'écris que cela n'est pas mon cas ; je suis plus comme un Orang-Outan que comme un chimpanzé. 2019 sera-t-elle pour moi l'année de ma transformation en chimpanzé (c'est-à-dire en être social) ? ?… Oserai-je m'aventurer dans le territoire inconnu de la « vie sociale » ? Quel type d'activité en commun serais-je amené à faire ? On verra ! Et ça tombe bien. Je vais justement écrire moins dans les temps qui viennent – car j'ai vidé mon sac, il me semble que je n'ai plus rien à dire ! J'ajoute que j'ai retiré du téléchargement mon « journal du jardin des frênes », pour cause de textes qui font tomber le moral dans les chaussettes. Je préfère ne rien écrire ; car quand je suis « vide » je ne peux rien écrire de qualité. Donc mes derniers écrits sont Histoires de chats, Du symbole et Alimentation et Santé. Bonne lecture et … bon cheminement.

PS : cela, je l'ai écrit en février ! Les textes qui composent ce recueil ont été écrits par la suite, comme quoi, il ne faut jamais dire jamais.

La gardienne de la nuit

Il y avait un petit chat dans le noir.

C'était la nuit il faisait froid.

Le petit chat ne savait pas où aller.

Il miaulait.

Un homme s'approcha, il était grand.

Que veux-tu ? lui demanda-t-il.

Pourquoi miaules-tu ?

J'ai perdu mes parents et ma maison

Répondit le chaton.

S'il te plaît aide-moi.

Prends-moi dans tes bras.

L'homme le regarda.

Tu sais que je pourrais te tuer, lui dit-il.

Microbe, vermine, petite merde bruyante.

Tu as chié dans ta maison,

Tes parents ne veulent plus de toi.

J'ai froid, j'ai faim, prends-moi avec toi

Miaula le petit chat.

Ici dans le noir je n'ai même pas d'espoir.

Un rat me mangera la queue,

Un autre les doigts.

S'il te plaît, je n'ai que toi.

Le sang gicla des narines de l'homme.

Sa veste grise tomba au sol.

Il murmura :

C'est bien fait, je vais t'écraser.

Le petit chat esquiva le coup fatal.

L'amour n'est jamais brutal.

L'homme se pencha et le prit dans ses bras.

Justice est faite, s'exclama-t-il.

Il n'y a pas de mystère dans la vie.

Le chemin nous a réunis.

Là-bas il y a de la lumière.

Veux-tu sortir du noir ?

Oui, dit le chaton.

Tu m'y emmèneras ?

J'y suis déjà, je t'attends, je suis grand.

Cours, petite boule de poil !

Sois Odiane, celle qui vient de la nuit

Pour chasser dans la lumière

Dans le monde des hommes.

Lève la grille,

Nous te regardons et nous t'aimons.

Nous te guidons pour qu'un jour tu nous guides à ton tour

Quand nous serons faibles et perdus dans le noir,

Chat gardien de la nuit, chat gardien des âmes.

À la taverne du jardin

– Un bon bol d'eau bien claire et bien fraîche, dit le chat roux en s'accoudant au bar.

– La nuit a été bonne ? demande le patron campagnol.

– Ouais, il y avait deux louloutes tigrées, je te raconte pas ! Pour les impressionner je leur ai fait une poêlée de croquettes.

– Et ça a marché ?

– Oh que oui. D'ailleurs elles ronronnent en ce moment même dans mon panier, que je leur ai aimablement prêté pour faire la toilette.

– Tu vas conclure quand ?

– Dès que j'aurai amené le dessert.

– Oh oh ! Me regarde pas avec ces yeux-là ! T'as plus le droit de nous bouffer, mon vieux. C'est écrit dans la charte universelle des droits des moustachus.

– Je sais Marcel ! Je vais aller choper un 'tit moineau.

– Moins fort ! Chut ! La ligue de l'égalité pour tous a des oreilles partout. Tu veux finir au niouf ?

– Des croquettes au soja ! Voilà tout ce qu'on a le droit de bouffer de nos jours ! Ah c'était mieux avant, je te le dis ! Avant Chacron. Ah, c'est mon chat-phone qui bipe, excuse. C'est les louloutes Marcel ! Ah zut, elles se tirent.

– Ça fait trop longtemps que tu te laisses pousser les griffes. T'as l'air d'un chat sauvage. Faudrait aussi te raser la moustache et les pattes. Au moins les pattes avant, le poil c'est plus à la mode.

– Ouais, t'as raison. Sans quoi je vais finir tout seul dans mon panier, à bouffer toujours les mêmes croquettes dégueulasses. Faut que je me reprenne, pour que je sois prêt le jour où arrivera la louloute rousse de mon destin. Une belle louloute rousse qui ressemble à Nicole Kidmancha !

– Rêves pas trop quand même. T'es un chat de jardin de campagne, les minettes ça court pas les allées.

– Tu veux pas jouer au campagnol et au chat, comme ça se faisait avant ?

Le vieux campagnol patron de la taverne regarda son client avec des yeux de campagnol ébahi. Puis il répondit en souriant comme peuvent le faire les campagnols :

– OK ça marche ! Je tombe le tablier et je pars me cacher dans mes galeries. Attends une minute avant dégainer les griffes et de mettre la papatte dans le trou.

– Il a gardé ses galeries, le vieux briscard de campagnol ! Cours bien et vite Marcel, j'ai les moustaches qui frétillent ! J'arrive !

Chez le marchand de paniers

Hercules le chat est fatigué. Ces derniers jours, il dort mal. Il décide d'investir dans un nouveau panier, bien moelleux et bien douillet, pour retrouver un sommeil complet. Il se rend donc chez Casimir, la taupe, bien connue pour son sens du moelleux.

- Salut la taupe ! Qu'as-tu à me vendre comme panier ?

- Tu permets que je mette mes lunettes ? Et pour elle-même : Ah, ces chats, toujours pressés. Bon, amène tes moustaches par ici. Là j'ai un modèle en laine polaire. Là un modèle en coton rembourré. Là un modèle qui vient du Japon. C'est un panier-futon. Tu connais les futons, bien sûr.

– Euh oui, bien sûr, répond le matou. Je ne suis jamais allé au Japon, mais je connais.

– C'était une blague ! Ah je t'ai bien eu ! T'imaginais pas vraiment qu'un constructeur de panier pour chat aurait l'idée de proposer un panier-futon ?

Le matou regarda la taupe. On ne savait pas s'il était content ou s'il était furieux. Parfois on a du mal à savoir ce qui se passe dans la tête d'un chat. Casimir soupira.

– Bon, la visite continue. Là j'en ai un en vraie laine. Celui-ci est en angora.

– Et la structure de tes paniers ? C'est du solide ? Je ne veux pas de plastique, car la dernière fois que j'ai invité une minette dans un panier en plastique, il s'est cassé en mille morceaux. Ça a déplu à la dame, qui est partie sans même me lisser les moustaches. Tu sais, c'était la…

– Stop, je ne veux pas savoir qui tu invites dans ton panier. Ni ce que tu y fais.

– Et un panier anti-puce, ça existe ?

– Monsieur est exigeant. J'ai juste ce modèle-là, traité aux huiles essentielles de romarin, de menthe, de thym et de laurier. Et il est « made in France ».

– Un produit local ? Ça m'intéresse. Montre voir le bazar de plus près !

Hercules retourna le panier avec ses petites pattes griffues. En dessous se trouvait une étiquette avec l'inscription « Made in China ». Il reposa le panier sur l'étagère et regarda la taupe dans les yeux – ce qui n'était pas facile étant donné qu'on ne voyait pas vraiment ses yeux, qui étaient minuscules.

– Tu me prends pour une taupe ou quoi ? Je sais lire et je ne suis pas myope. Ce panier a été fabriqué en Chine. Les oreilles du chat se rabattirent, et la taupe commença à trembler.

– C'est interdit par la loi de menacer physiquement les vendeurs, dit la taupe en tremblant. Et la loi autorise à écrire « made in France » quand un produit est emballé en France. Voilà. Restez calme monsieur le minet.

– Oui, ben tu vas me faire 50 % sur ce panier, et fissa.

– Oui monsieur le chat. Tout de suite monsieur le chat.

– Et, dis donc, t'as pas encore tes galeries toi ?

– Vous voulez que… que… que je fasse la taupe et vous le chat ?

– Oui, j'ai la papatte qui démange.

La taupe Casimir resta un instant sans rien dire. Puis elle fit un grand sourire de taupe et lança : c'est moi le plus rapide, c'est moi le plus rapide ! Attrape-moi si tu peux !

En un clin d'œil, la taupe vendeuse avait retrouvé ses vieux réflexes. Elle avait poussé un meuble et découvert l'entrée d'une vieille galerie, dans laquelle elle s'était ruée en gloussant. Et Hercules la suivit joyeusement avec la papatte.

Sous le soleil de la loi

Hercules se lèche le bout de la patte droite, allongé de tout son long sur les graviers chauds de la cour. Il est 14 h, le gravier a en effet été réchauffé par le soleil généreux. Températures hivernales le matin, températures estivales à midi, nous sommes donc au printemps ! Et pourtant, nous ne sommes qu'en mars.

Voilà Odiane, son amie, qui s'approche et s'allonge de la même manière. À deux, le bonheur est deux fois plus grand.

– Tu as entendu la nouvelle ? demande Hercules.

– Oui oui… répondit Odiane. Mais là le soleil est vraiment agréable, et les graviers chauds me font un bon massage entre les omoplates, vois-tu ?

La minette se roula de gauche à droite sur le sol.

– T'en as rien à fiche de la nouvelle loi ?

– Si si. Mais, comment dire, ça ne change rien au lustre de mon poil. D'ailleurs, tu as vu comme il brille bien en ce moment ?

– Encore une loi, tu te rends compte ? Bientôt on ne pourra plus miauler sur la place publique sans qu'une loi nous dise comment miauler, à quelles fréquences, à quel rythme, à quelle heure, à quelle intensité…

– Arrête de faire le ronchon. Profite du soleil ! Et puis tu n'y peux rien. Nous ne sommes que des chats.

– Justement. Ça ne peut plus durer !

– Ah ? Monsieur veut changer d'espèce. Tu n'aimes pas ton espèce ? Tu veux devenir quoi ? Un transchat ?

Hercule se gratta avec plaisir derrière l'oreille gauche.

– Si, j'aime mon espèce, évidemment. Mais je crois que sont les minorités qui font les lois. Du coup, ça gêne tout le monde. Si les minorités n'écrivaient des lois que pour elles-mêmes, je n'aurais pas à miauler contre. Mais là, elles écrivent des lois pour elles qui vont s'appliquer à tout le monde.

– Je connais ta chanson. Après les lois votées par les campagnols pour interdire la prédation féline, après les lois votées par les mulots pour interdire la prédation féline, après celles votées par les oiseaux…

– Les lois votées par les poissons. Tu te rends compte ? Les poissons, ceux de la grande mer, trouvent indigne de finir en aliment pour chat. Non mais pour qui se prennent-ils ?

– Tu as oublié les lois votées par les taupes pour, aussi, interdire la prédation féline. Et tu oublies que ce ne sont pas des minorités.

— Mais que va-t-on manger à la fin ? Ça, je te le dis, c'est l'œuvre des fabricants de croquettes. Ils soudoient tout le monde pour que nous, nous les chats, soyons à leur merci. Ah ! Ça me révolte ! Tiens, je vais aller miauler ma révolte sur la route !

Hercules se mit sur quatre pattes, traversa la cour et poussa de longues complaintes au beau milieu de la route. Il miaula et miaula jusqu'à la tombée de la nuit.

À ce moment-là, une chouette arriva, entourée de chiens mastoques. Le pauvre matou fut attrapé et mordu de partout. On lui arracha une griffe. Quand il ne fut plus qu'une peau de matou sur le point de partir dans l'au-delà, la chouette s'approcha et, dans sa grande sagesse, lui murmura ces mots :

— Personne n'a le droit d'exprimer son opinion dans la rue, afin d'influencer l'opinion des autres animaux. C'est interdit. Uniquement la publicité est autorisée sur l'espace publique. À la publicité seule j'ai donné le droit d'influencer les pensées et les comportements. Bien sûr, les minorités sont là pour justifier les publicités et, par la suite, les lois. En fin de compte, la société entière est régie par les fabricants de croquette, dont je suis le plus fidèle serviteur.

Sur cette révélation navrante, le pauvre Hercule rendit l'âme.

Odiane avait observé la scène de loin. Quand les molosses et le volatile pitoyable furent partis, elle s'approcha de son ami. Le matou avait les yeux clos et il ne bougeait plus du tout. Odiane lui dit alors :

— Allez, hop, sur tes pattes ! Tu vois bien que ça ne sert à rien. Tu viens de gâcher une de tes vies. Réveille-toi.

Les moustaches d'Hercules frétillèrent, son petit corps se regonfla de vie et le matou se remit sur ses pattes, effectivement ! Il bailla et s'étira longuement, comme si rien de dramatique ne s'était passé.

– Ouais, ça n'en valait pas la peine, en effet. Nous ne sommes que des matous.

Attiré par tout ce bruit, un petit mulot s'était rapproché. Il leur dit :

– Mais non, personne ne veut de mal aux chats. Tout le monde vous aime.

Hercules et Odiane se regardèrent, puis, complices, ils regardèrent ensemble le mulot.

– Quoi ? Mais ! Vous n'avez pas le droit de me regarder ainsi ! répondit le petit rongeur. Je ne suis plus une proie pour chat depuis la loi n° 1543-b6 du 11 décembre. D'ailleurs avez-vous vu la nouvelle publici….

– Tu y crois vraiment, toi, à cette loi ?

Le petit mulot regarda avec de très grands yeux les deux chats se rapprocher de lui.

– Vous voulez que je m'enfuie ? Bon… c'est d'accord ! C'est moi le plus rapide, c'est moi le plus rapide ! Dans mon terrier vous ne pourrez pas m'attraper, hi hi hi !

Et il disparut en un clin d'œil, avec à ses trousses Hercules et Odiane qui s'étaient réappropriés le droit d'être eux-mêmes. Décidément, pour les animaux le soleil des lois ne valait rien par rapport au vrai soleil de la vie.

DU SYMBOLE

Janvier – mars 2019

Le bois

Le bois. Y'a du bois au jardin ! Le bois est vert, tendre, ou bien il est sec et dur et solide. Ou encore il est vermoulu, bouffé, rogné, effrité, il part en miette. Souplesse de la jeunesse, solidité de la maturité. Le bois nous accompagne à tous les âges de notre vie. Tel gamine ressemble à une pousse d'osier, tel adolescent ressemble à un jeune frêne, tel homme ressemble à un hêtre au tronc impeccable, tel vieillard ou vieille femme ressemble à ce noyer au coin du champ, fendu, rabougri, tordu, tassé, figé, mais encore solide. Sur le haut de sa tête (de son houppier), les petites branches restent souples et nombreuses, comme les idées et le savoir-faire. Il faut lire La vie secrète des arbres de Peter Wohlleben (directeur d'une réserve forestière en Allemagne).

Le bois qui meurt devient terreau ; rien ne se perd, rien ne se crée, tout se transforme. Avec le bois, l'être humain a toujours fait de tout : maison, outils, armes, bateaux, cercueils. Cercueils, tiens, c'est vrai que mes pensées dérivent dans ce sens, ces jours-ci. Un de mes clients de Saint Jean de Daye est décédé, paix à son âme. Maintenant qu'il est là-haut, si ça se trouve, il se marre bien ! De la hauteur où il est, il voit où toutes nos erreurs vont nous conduire, quand nous, nous ne voyons pas plus loin que le bout de notre nez.

Enfin bon, mes connaissances sur l'après-vie étant limitée, j'en reviens au symbole. Le bois, le bois qui sert à fabriquer le cercueil. On met la personne dans le cercueil et on met le cercueil en terre. Ça me rappelle une noix. Le cercueil est comme la coquille d'une noix. Le cercueil serait comme une graine, qu'on met en terre pour que la vie reparte, au printemps suivant. Les graines sont souvent entourées d'une enveloppe plus ou moins épaisse de lignine, c'est-à-dire de bois. Pas de vie sans bois ! Le renouveau de la vie passe par le bois.

Même au jardin le bois est vie. Les arbres des haies et des fruitiers prodiguent une ombre bienfaisante en été. On travaille la terre avec des outils aux manches de bois. Le bois est partout ! Plus il y en a, plus il y a de vie, moins il y en a, moins il y a de vie. Le bois est donc un symbole des écologistes par excellence ! Au lieu de le brûler ou de le broyer, quand je nettoie mes haies, je le laisse au pied de la haie, tout simplement. Il se décompose, il donne le gîte et le couvert à tout un tas de petites bêtes qui ont le droit de vivre. Ça fait un liseré marron entre l'herbe de la prairie et les arbres de la haie. C'est une « interface » entre écosystèmes, pour le dire en termes plus sérieux.

Les haies continuent de disparaître, c'est officiel. Le département encourage à les replanter, offre les petits arbres, prête les machines, mais rien n'y fait. Il n'y a plus assez de monde pour s'occuper correctement des haies, et on veut des parcelles toujours plus grandes. La Manche ressemblera bientôt à la presqu'île d'Usedom, à la frontière entre l'Allemagne et la Pologne. Là les champs immenses sont battus par les vents froids et secs de l'Est. C'est véritablement désagréable de se promener là. Les cultures sont la seule vie qui existe encore.

Les arbres sont les piliers du temple intérieur de l'être humain. Le bois vivant est une partie de notre humanité. Voulons-nous la conserver ? Je lève mon verre à mes frênes !

Le caillou

Qu'est-ce qui gratte et qui grince contre les dents de la grelinette ? Ce sont les cailloux. Un caillou, c'est dur ! Quoi que, parfois il y en a des mous et des bizarres, comme à la plage de Gefosses-Fontenay, en face des gisements à huîtres d'Isigny-sur-Mer. Voilà un caillou terne ? Ça ressemble à un galet poli par la mer, mais c'est élastique, c'est d'une consistance indéfinie. Beurk ! Il y en a plein. Pourquoi ? Mystère… Est-ce que leur présence a un lien avec la production industrielle d'huîtres juste en face ? Avec la puanteur ambiante ? Je n'oserais pas penser cela… Je n'ai rien pensé du tout, ce n'est pas mon genre de faire des insinuations…

Dans mon jardin, il y a du caillou ! Du vrai ! Du dur ! Ce sont des « dragées de quartz », à -15 cm de profondeur seulement. Ils m'indiquent de ne pas aller plus loin avec la grelinette. Un labour profond, conventionnel, les aurait tous fait remonter à la surface. Vive l'agroécologie qui permet de cultiver les terres qui refusent les tracteurs !

Le caillou est un symbole : le symbole du noyau solide et fiable, de la structure interne, sorte de clé de voûte ultime sur laquelle tout repose. Le caillou est à la terre ce que le squelette est aux tissus mous de notre corps ; les cailloux sont le squelette de la terre. Donc ne les mettons pas à nu !

Au passage, j'en profite pour rappeler que les graviers de nos cours sont rarement naturels. Ils proviennent de carrières de pierres, qui ont été réduites en graviers de diverses tailles par des machines énormes et qui consomment énormément de pétrole. Au Cameroun, la fabrication des graviers est confiée aux enfants. Ils cassent les blocs de 20-30 cm en gravier, avec des marteaux. Ils font du gravier toute la journée, quand ils ne sont pas à l'école. Ce gravier sert à faire du béton.

Preuve que l'humanité est prête à tout, pour avoir quelques billets dans la poche. Ou pour avoir une maison « moderne » en béton.

Quand il reste à l'intérieur, dans la terre, le caillou est noyau originel. Il est détenteur de forces subtiles qui, peut-être, résonnent avec les forces internes des autres planètes du système solaire... Qui sait ? Quand l'homme l'extrait, quand il le met à nu et il s'en sert pour faire des frontières, avez-vous remarqué ? Murs, murets, digues, enrochements. On se fie aux cailloux pour nous séparer durablement les uns des autres et pour nous séparer de la Nature (de la mer surtout, avec les digues et les enrochements).

Le caillou est aussi le symbole de l'humilité et de la pauvreté. Le paysan misérable est un « pousse-caillou » ; l'affamé suce des cailloux ; le dépressif est « triste comme un caillou ».

Pour plus de symbologie du caillou et de la pierre, je vous invite à lire mon *Les secrets de Montfort*.

Symbologie

Étymologiquement, le symbole est « symbolon » : une terre cuite cassée en deux. Deux personnes en prennent chacune un morceau, qu'elles transmettront à d'autres personnes. Pour autant celles-ci ne se connaîtront pas forcément. Donc pour être certaines de s'adresser à la bonne personne, elles présenteront leur moitié de terre cuite, qui devront être complémentaires. Ceci afin de s'assurer de l'identité de l'autre personne. Le « symbolon » est donc la réunion des deux morceaux de terre cuite.

Il en découle un premier type de symbole : le symbole est la réunion de deux choses complémentaires. Par exemple le cœur est le symbole de l'amour, donc de l'union de deux personnes.

Au passage notez ce qu'est le diable : c'est le contraire du symbole. « Dia-bolon » : le diable est ce qui divise, ce qui sépare, ce qui isole.

Le second type de symbole est celui que nous connaissons tous : un signe porteur d'une signification univoque. Ainsi la couleur rouge dans le code de la route est le symbole de la vigilance. Le symbole « + » signifie l'addition. Le symbole « † » signifie mort ou croix chrétienne. Etc. Le symbole remplace strictement une phrase, un mot, une idée. C'est une représentation condensée, qui permet une perception et une compréhension immédiate.

Je vous propose un troisième type qui est une extension du premier. De réunificateur, le symbole devient « porteur secret ». C'est-à-dire que le symbole porte un sens évident et un sens caché. Ainsi de l'œil de la providence, qui est le schéma d'un œil dans un triangle. Pour la majorité d'entre nous, l'œil de la providence est un symbole de Dieu. Pour une minorité d'entre nous, il est le symbole de … d'autre chose. Du Grand Architecte de l'Univers ou de notre propre conscience. Bref, le symbole possède une signification secrète. Seules les personnes qui ont reçu un enseignement adéquat sont en mesure de savoir que cette signification secrète existe, et sont en mesure de la comprendre. Par exemple, le compas entrecroisé d'une équerre est le symbole des compagnons du devoir. C'est là le sens évident de ce symbole. Le sens secret est connu uniquement des compagnons du devoir.

Le quatrième type de symbole est subtile. Tout réside dans la forme du symbole. Dans sa géométrie. Sa géométrie sert à ordonner certaines idées entre elles d'une façon particulière. Par exemple : les symboles basés sur le cercle, le triangle, la croix, le carré, le pentacle, la spirale, etc. Ce niveau de définition est, il est vrai, rarement utilisé. Ce n'est pas connu du grand public. De nos jours, on recourt plutôt aux phrases pour expliquer des choses compliquées. Mais la géométrie d'un symbole peut être aussi efficace qu'une phrase longue. On dit bien qu'une image vaut souvent mieux qu'un long discours. Dans cette quatrième définition d'un symbole, le symbole est une sorte d'image simplifiée. Une image dont la structure porte le message.

Je vous propose un cinquième type de symbole. Il dérive du quatrième. Le quatrième type est « passif ». C'est-à-dire que vous avez à votre disposition certaines idées, certains mots, certaines théories. Vous ne trouvez pas la signification de l'ensemble. Vous avez aussi à votre disposition un symbole. Alors vous mettez les idées en ordre conformément à la géométrie du symbole et – miracle ! – le sens vous apparaît. Le symbole sert à interpréter correctement un ensemble de faits, d'idées, de théories. Etc. La cinquième définition est active, en ce sens que en fonction du symbole dont vous disposez, vous allez construire un ensemble ordonné d'idées. Vous disposez d'abord du symbole, et vous cherchez, ou construisez ensuite les idées qui vont « s'emboîter » dessus. Parce que votre objectif est de créer un ensemble qui a précisément la forme du symbole – quel que soit le contenu qui se révélera adéquat. Quatrième type : le symbole sert à interpréter. Cinquième type : il sert à construire.

Un sixième et dernier type de symbole : le symbole que vous ne verrez jamais ! Il existe des symboles qui ne sont pas destinés au grand public. Leur signification est univoque ; c'est leur présence tout simplement qui est contrôlée et précisément régulée. Ce sont des symboles très spécifiques. Par exemple le symbole de la secte des assassins Thugs, qui a existé en Inde jusqu'au 19e siècle. Mieux valait ne jamais le voir !

Voilà tout ce que je sais de la symbologie. C'est tout, mais ça ne peut pas être plus vu mon jeune âge. À quatre-vingts ans, j'en saurais peut-être un peu plus.

Un même symbole peut appartenir à plusieurs types en même temps. D'où la polysémie – la signification multiple – des symboles.

J'ai moi-même été beaucoup intrigué par les symboles porteurs d'un sens secret. C'est très rigolo, ça donne du piment à la vie ! Et je vous assure que parvenir à utiliser un symbole du quatrième type n'est pas évident. Et que pour utiliser un symbole du cinquième type, il faut d'une part connaître la signification ésotérique de la géométrie du symbole (qui peut être statique ou dynamique) et il faut d'autre part « réunir ce qui est épars », c'est-à-dire trouver les éléments qui peuvent s'agencer les uns avec les autres tout en « calquant » la géométrie du symbole. Je suis parvenu à utiliser le carré pour cadrer mes textes. J'utilise parfois l'équerre pour « coincer » une hypothèse (littéralement la prendre entre deux lignes). Certains livres sont conçus sur un symbole ; j'en ai lu un qui était conçu sur un triangle inversé. Un autre sur une croix cerclée.

Bref les symboles peuvent servir autant à définir des choses très précises qu'à cadrer des projets très vastes. Tout et n'importe quoi, diraient certains ! Pour ma part, je pense que les symboles sont aussi utiles que le langage. Quand une phrase amène des notions très détaillées et très délimitées, un symbole peut faire de même mais en laissant toujours une certaine souplesse dans l'interprétation. Dans l'étendue ou dans la profondeur de l'interprétation. Parce qu'il y a toujours quelque chose d'indéfini quand on utilise un symbole, on remplit toujours cet espace indéfini avec quelque chose qui nous est personnel. Ou quelque chose qu'on garde, plus ou moins volontairement, inconnu. Mystérieux. Le symbole définit, mais laisse toujours la porte ouverte à un peu plus... Ce qui le rend très humain, quand le langage peut parfois être très sec et très rationnel.

ALIMENTATION ET SANTÉ

Février 2019

Mise en garde

Je ne propose ici aucun régime alimentaire miraculeux, mais uniquement des points de vue personnels et qui, préalablement à la santé corporelle, peuvent vous amener à une conception saine du rapport qui existe entre ce que nous mangeons et le fonctionnement de notre corps.

Le lien entre alimentation et santé

À quoi sert de manger ? Pourquoi manger ? Ah, si on pouvait vivre d'amour et d'eau fraîche ! Sans avoir besoin de se faire trois repas par jour, chaque jour, tous les jours, année après année. Voyons qu'il existe deux attitudes : On peut croire que manger est fort simple. Ou on peut croire que manger est fort complexe. Si l'on croit que c'est fort simple, on ne questionnera jamais son alimentation. On mangera ce qui nous tombe sous la main ou ce dont on a envie parce que c'est bon. Si l'on croit que manger est fort compliqué, alors à cinquante ans on continuera à se poser chaque jour cette question « qu'est-ce qu'une alimentation idéale ? ». D'ailleurs, à une cliente qui me posait cette question, je lui répondais qu'il faut bien tout une vie pour parvenir à une réponse satisfaisante.

Certaines personnes pensent que nous pouvons manger de tout, n'importe quand et n'importe comment. Le corps se charge d'identifier et de séparer ce qui est bon pour lui de ce qui lui est nocif. Par ici les graisses, les sucres, l'alcool, etc ! L'intestin ne laisse rentrer que ce qui est bon et utile, et les substances nocives, toxiques, affaiblissantes, sont rejetées et forment les excréments.

Penser ainsi est en partie correct, en partie seulement. Il existe en effet des substances que le corps ne peut pas assimiler, que l'on ingère par la bouche et qui ressortent par l'anus. Un noyau de cerise par exemple.

Faites un test : ne mangez que des légumes, fruits et viandes qui sont bons pour le corps et ensuite… vous irez quand même aux toilettes pour faire la grosse commission. Donc le corps ne transforme pas tout ce qu'on lui fait ingérer.

Un autre test : mangez des légumes contenant des pesticides ou leurs résidus de dégradation, allez chez le toxicologue faire analyser vos cheveux et… on retrouve les pesticides dans vos cheveux. Si le toxicologue vous disséquait entièrement, nul doute qu'il en trouverait dans tous vos organes.

Une fois posées ces considérations très basiques d'entrée et de sortie, demandons-nous ce qu'est « la bonne alimentation ». La bonne alimentation est une alimentation agréable au goût et qui entretient la santé de notre corps. Par corps, j'entends toutes les parties du corps : os, tendons, muscles, viscères, nerfs, cerveau, peau, organes des sens, organes excréteurs. Si nous avons certaines habitudes alimentaires qui entretiennent, disons, les muscles et les os, mais pas les organes des sens ou la peau, alors nous ne pouvons pas dire que cette alimentation est bonne.

D'où vient notre corps ? Nos cheveux, nos dents, notre peau, nos poils, notre intestin, notre cerveau, notre petit doigt de pied, etc ? Nos organes sont des aliments transformés. Des aliments qui ont été divisés en molécules élémentaires lors de la digestion, molécules qui sont ensuite recombinées pour former les différents tissus du corps. Ce chou que vous avez mangé il y a une semaine contenait certaines molécules qui sont maintenant dans votre œil. Cette frite contenait des molécules qui sont maintenant dans votre foie. Cette salade contenait des molécules qui sont maintenant dans votre petit doigt de pied.

Il suffit de quelques semaines pour que toutes les cellules qui nous composent, de tous les organes, meurent et soient renouvelées. Même la moelle osseuse, au plus profond de nos os. C'est l'homéostasie : dans un renouvellement perpétuel de ses cellules, le corps maintient ses structures et ses fonctions. Le corps n'est pas une chose statique. Il est un assemblage dynamique.

Nous pouvons maintenant poser la question de la maladie : qu'est-ce que la maladie ? La maladie est ce que nous ressentons, ce que nous éprouvons, quand le corps n'est plus pareil à lui-même. Quand soit il lui manque des molécules, soit il en a trop. Le manque peut être sous forme de manque de vitamines, d'oligo-éléments, de graisses, de sang, d'eau, etc. Le surplus peut être sous forme de graisses, de déchets cellulaires et digestifs non évacués, de microbes bien sûr.

« Rien de trop » : cette maxime philosophique vaut aussi pour la nutrition. Il faut manger ni trop ni trop peu.

Mais il se peut, et ce de plus en plus dans notre société « moderne », que le corps ne manque de rien ni n'ait rien de trop, et qu'il soit pourtant malade. Dans ce cas, ce sont certaines substances « anormales » qui ont pris la place des « normales ». Ainsi des pesticides et de toutes les autres molécules de synthèse, qui une fois dans le corps prennent la place des enzymes ou des hormones. Ces molécules sont assez similaires aux « originales » pour prendre leur place, mais pas assez pour prendre leur rôle. Il en résulte qu'elles bloquent certaines fonctions du corps ou qu'elles empêchent certaines structures cellulaires de s'édifier.

Ces effets ne nécessitent pas que ces substances étrangères soient présentes en grande quantité dans le corps : il en suffit d'un milliardième de gramme par litre de sang pour que les premiers effets soient observables.

Je ne saurai aller ici dans le détail de la toxicologie hormonale. En s'y intéressant, les curieux découvriront que le corps est pareil à un univers entier, et que chaque cellule est semblable à une galaxie. La diversité des molécules, des structures, des fonctions et des mécanismes de régulation est époustouflante.

Je ne saurais pas non plus vous faire ici un cours condensé de médecine et de nutrition. Avant d'en venir au régime alimentaire que je pratique et qui est, selon moi, idéal, encore ceci : que malgré la complexité du corps, nous sommes en mesure de le connaître. Sans passer par la science avec ses scanners, ses tests, ses prélèvements et ses ponctions. Nous connaissons notre corps par ce que nous en ressentons. Que ressentons-nous ?

Pierre Caloc'h écrit ceci qu'il existe quatre « niveaux ». Le premier niveau est celui de l'organe sain, vital. Il fonctionne bien. Sa sensibilité aux stimuli est bonne. Le second niveau est celui de l'atteinte à la sensibilité. Par exemple les yeux : on voit moins bien, de près, de loin, dans l'obscurité, le champ visuel se réduit, la vue se fatigue vite, etc. Le troisième niveau est celui de la difformité : pour maintenir coûte que coûte ses fonctions, l'organe se déforme. Yeux rouges, foie gonflé d'alcoolique, articulations énormes, etc. Le quatrième et dernier niveau est celui de la mort de l'organe en même temps que l'arrêt de sa fonction. Ainsi, plusieurs documentaires récents à la télévision ont montré les reins des personnes malades d'avoir bu de l'eau empoisonnée au glyphosate : leurs reins sont atrophiés et ne fonctionnent plus. À ce stade, seul un organe artificiel peut sauver la personne.

Nous pouvons tous faire un « état des lieux » de notre corps en évaluant la sensibilité de chacune des parties de notre corps : la sensibilité de notre peau à la température, à l'hygrométrie, aux frottements, aux pressions ; la sensibilité des muscles, tendons, articulations et os lors de l'effort statique et dynamique, la sensibilité visuelle, la sensibilité olfactive, la sensibilité gustative, la sensibilité interne (estomac, foie, cœur, poumons, reins). La sensibilité de notre pilosité. Et la sensibilité de notre bel organe gris : le cerveau.

C'est une sensibilité qui me tient à cœur. Sommes-nous sensibles aux émotions raffinées ? Aux idées raffinées ? Aux émotions et idées qui sont latentes ? Aux émotions et idées qui ne varient jamais que très légèrement ? Ou bien ne sommes-nous sensibles qu'aux idées et aux émotions grossières ? Certes, l'héritage génétique est pour partie responsable de notre sensibilité intellectuelle et émotionnelle. Mais un bon patrimoine ne peut rien si les constituants disponibles sont médiocres. Si vous êtes mal nourri, vous ne pouvez pas bien penser et bien ressentir les émotions. « Ventre affamé n'a pas d'oreille ».

Le cerveau, siège de nos pensées et de nos émotions, est un organe extraordinaire. Il est rien moins que la construction biologique la plus compliquée dans l'univers. Évidemment, plus quelque chose est complexe, plus il faut d'entretien, de soin et d'attention pour le maintenir en bon état de marche. Si une pièce de rechange vient à manquer, c'est-à-dire s'il manque certaines molécules dans notre alimentation, c'est d'abord au cerveau que ce manque va avoir des conséquences. Les autres organes, pour ainsi dire plus rustiques, vont continuer à fonctionner à peu près correctement. Mais le cerveau, j'en suis persuadé, va perdre en sensibilité ou en rapidité, si notre alimentation n'est pas « bonne ».

Nous sommes des êtres faits de matière. Là où il manque de la matière, nous vivons mal. Voyez les maladies neuro-dégénératives : ce sont de véritables trous qui se forment dans le cerveau. Le noble organe finit par ressembler à une éponge.

J'ignore ce qu'est l'alimentation idéale. Je pense m'en rapprocher en suivant les conseils des personnes présentées plus bas. Mais l'alimentation ne fait pas tout. L'activité est tout aussi importante. Allez faire un travail physique pendant toute une journée et vous constaterez que votre corps demande une nourriture qui a du goût et de la consistance. Tandis que si vous restez assis toute la journée, sans jamais verser une goutte de sueur, vous pouvez manger des aliments insipides sans vous en rendre compte. Depuis que je suis jardinier, faire de bons repas est devenu pour moi plus important. Quand on travaille avec son corps, on ressent l'importance de l'alimentation. Quand on travaille sans jamais faire d'effort physique, on n'a plus conscience que des idées ou des émotions et on a moins conscience de ce que notre corps réclame.

Enfin, voici mes sources d'inspiration pour un régime alimentaire qui, pour moi, étant donné qui je suis et étant donné mes activités de jardinage et d'écriture, me convient bien. C'était une affiche que j'avais faite à l'occasion du festival *Mange ta Soupe* en 2017 :

Alimentation et santé : quels rapports ?

Aucun ?

Alors pourquoi tant de personnes souffrent-elles de maladies du système digestif ?

Mangeriez-vous des huîtres avec un coulis de fruits rouges ? Mangeriez-vous des pommes de terre nappées d'une sauce au chocolat ? Mettriez-vous du sucre dans vos œufs à la coque ?

Tremperiez-vous des sardines dans votre café ?

Je remercie mes clients, car vous venez vous procurer chez moi des produits frais et de qualité. Vous êtes nombreux à me faire part de votre intérêt pour une alimentation saine.

Pour réfléchir à ce que peut être une alimentation saine, pour prendre en main votre alimentation – et donc votre santé –, je vous propose de lire deux ouvrages :

Pierre Caloc'h, Le corps est notre meilleur médecin, Initiation à la santé, 1975.

Herbert Shelton, Les combinaisons alimentaires et votre santé. Pour bien digérer, les menus dissociés à portée de tous, Courrier du livre, 1968.

Parce que, comme le montrent les suggestions de repas ci-dessus, il est mauvais pour la santé de manger de bons aliments mal combinés entre eux. Ce que vous mangez est aussi important que comment vous le mangez.

Ne rien croire, tester !

Si vous avez des problèmes importants de santé, ne pensez pas que boire un verre de tisane de camomille ou autre chaque jour va vous aider. Ces petites modifications de votre régime alimentaire peuvent-elles vraiment contre-carrer les conséquences accumulées de plusieurs décennies de votre ancien régime alimentaire ? Ce serait une facilité erronée que de le croire.

Je suis persuadé que, malgré la façon dont la France aime se présenter aux autres pays, nous Français ne savons pas bien manger. Certes, nous mangeons mieux qu'aux États-Unis, mais nous mangeons selon des préceptes sociaux et non biologiques. Que de gens souffrent et meurent précocement parce que le café-pain blanc-beurre est le petit-déjeuner standard ! Avec une telle alimentation, on survit, on ne vit pas. Et on ne survit que grâce aux fréquentes visites chez le docteur et le pharmacien. Que de pharmacies en France ! Que de malades chroniques ! Et que de dents pourries ! Que de dentiers ! Les Français ont de mauvaises dents et une mauvaise haleine : ce sont les signes indiscutables d'une mauvaise alimentation.

Tout comme la prolifération des émissions de télé réalité de très mauvais goût est le signe d'une mauvaise éducation au niveau national.

Oui, je ne vais pas chercher midi à quatorze heures… Quand on a des problèmes, il faut d'abord en chercher les causes au plus proche de nous-mêmes. Quelle que soit la nature du problème, les causes se trouvent bien souvent dans nos habitudes de pensée et dans nos habitudes de comportement.

TECHNIQUES ET NATURE : LA BONNE QUESTION

Avril 2019

Quelle est la bonne question ?

Les techniques agricoles respectent-elles la nature ?

Ou bien : la nature respecte-t-elle les techniques agricoles ?

Cette seconde question semble futile, pourtant elle se pose à notre réalité quotidienne quand on pense tout en termes d'argent.

L'entrepreneur agricole se pose la bonne question

L'entrepreneur agricole moderne, l'exploitant agricole comme on dit aussi, ne se demande pas si la nature respecte ses techniques. Il ne se le demande pas, il le fait : il modifie autant que possible la nature, c'est-à-dire les plantes, la terre et les animaux, pour qu'ils s'intègrent à ses techniques.

Il se demande d'abord quelle ou quelles techniques vont minimiser autant que possible la main d'œuvre nécessaire (le temps de travail manuel). Puis quelles machines vont lui permettre de maximiser son rendement (par heure de conduite de machine). Puis quelles plantes vont être le plus facilement « travaillées » par la machine (taille, forme, poids, rigidité, solidité). Et aussi quel sol (finesse, taux d'humidité, taux de matière organique, quantité de racines présentes, de mauvaises herbes présentes).

D'où les inventions suivantes :

- Herbicides;
- Hormones pour raccourcir les tiges;
- OGM;
- Engrais de synthèse;
- Outils de labour profond et d'émiettement;
- Culture hors-sol;
- Serres chauffées;
- Terreau artificiel;
- Etc.

L'exploitant agricole adapte (autant que la science le lui permet et la science se met de bon cœur à son service…) les plantes et la terre à ses techniques, techniques qui n'ont d'autres fins que de minimiser le temps de travail manuel et de maximiser la production.

La question du jardinier agroécologiste

Le jardinier agroécologiste se pose d'abord la première question : mes techniques respectent-elles la nature? Les plantes, la terre, les animaux, les êtres qui sont désirables autant que ceux qui ne le sont pas. Il s'agit de prendre conscience de tout ce petit monde d'un point de vue unitaire (espèces présentes, caractéristiques physico-chimiques du sol) et d'un point de vue systémique (les cycles, les rétroactions, les antagonismes, les complémentarités, les synergies, les émergences, les phases, les rythmes). Bref : il faut prendre en compte l'écologie du jardin ou du champ.

Par la force des choses, le jardinier se pose aussi la seconde question : et si je pouvais, un peu, adapter ma terre et mes plantes à ces techniques-ci, qui me semblent permettre un certain rendement? Ce serait pour moi moins pénible et je gagnerais du temps, que je pourrais allouer à la récolte et à la vente.

Le jardinier agroécologiste se fait mal au ventre quand il se pose cette question. Mais la société la lui impose : comme tout le monde il doit payer les taxes, impôts, cotisations sociales, électricité, soins, voiture, etc. Il doit vendre ses légumes autant que possible avec un prix aussi élevé que possible. Il doit donc renoncer, jusqu'à un certain point, au travail manuel, alors même que le travail manuel est ce qui donne en partie du sens à son métier.

Quel est le compromis acceptable? Quel est l'entre deux qui permet de produire raisonnablement tout en modifiant aussi peu que possible la terre et les plantes?

La troisième question

L'agroécologie, pour celui qui la comprend, ajoute un élément : le rôle des plantes. Comment les plantes peuvent-elles prendre en charge certaines fonctions, telles que l'arrosage, l'amélioration du sol, la régulation des ravageurs et des mauvaises herbes, la protection contre les événements climatiques extrêmes ? Par exemple.

C'est là une troisième question dont toute personne qui aime véritablement la terre et les plantes doit se saisir. Les plantes ne sont pas seulement soumises à celui qui les cultive : elles peuvent travailler pour lui, elles peuvent être ses aides. C'est ainsi que ça se passe dans mon jardin, le jardin des frênes. Elles font une partie de mon travail, donc elles me donnent du temps pour que je puisse continuer à travailler de mes mains.

L'agroécologie est la troisième voie de l'agriculture, entre le labeur des anciens paysans et la fainéantise des exploitants agricoles modernistes.

LES ALIMENTS BIOLOGIQUES COMPOSÉS SONT NUISIBLES

Mai 2019

« Je veux le tout et non la partie »

Les aliments biologiques composés sont nuisibles à l'agriculture biologique. Ils la mènent à sa perte.

Ah ? Voilà une affirmation grave, car ces aliments occupent désormais un bon tiers des rayonnages des magasins bio. Mais d'abord, qu'est-ce qu'un aliment composé ? C'est un aliment qui est constitué de substances raffinées. Par exemple, faites un gâteau avec du sucre blanc, de la farine blanche, de la crème, du cacao dégraissé : vous obtenez un aliment composé. Aucun des constituants n'est brut. Pour fabriquer chacun des constituants, il a fallu séparer, scinder, tamiser, filtrer, décanter, centrifuger les substances brutes.

Notez qu'une substance peut demeurer « brute » si elle est réduite en poudre. Ainsi la farine complète est brute, la farine blanche est raffinée : de la première on enlève le son pour obtenir la seconde.

La substance raffinée est chimiquement pure : un voire deux types de molécules seulement la composent. La substance brute, par définition, contient une grande diversité de molécules. Par exemple l'amidon de pomme de terre est une substance raffinée.

On n'y trouve plus de trace des vitamines que contient la pomme de terre entière. Le jus de canne à sucre séché est une substance brute ; le sucre de canne fabriqué conventionnellement est raffiné.

Quand vous mangez un produit brut, vous ingérez une myriade de molécules différentes, plus que la science (même de nos jours) ne parvient à identifier. Mais quand vous mangez une saucisse végétarienne, exemple d'aliment composé végan à la mode, vous n'ingérez que des protéines végétales. Pas de vitamines, de graisses ni de sucres. Ni aucun nutriment.

Je pense que cet exposé ne vous surprend pas. Les aliments que l'Homme recompose ne sont jamais aussi nutritifs que les produits naturels bruts. Par contre, cet exposé met les agriculteurs biologiques dans une fâcheuse posture. En effet, les agriculteurs bio prennent grand soin de leur terre, afin que les cultures disposent de toute la palette possible de nutriments. Ceci pour que les récoltes soient elles aussi riches en nutriments. Ceci pour que in fine le consommateur mange des fruits et légumes qui apportent à son corps tous les nutriments nécessaires. L'agriculteur bio veut nourrir les gens pour qu'ils soient en bonne santé.

Or les industriels de la transformation demandent à l'agriculteur bio des récoltes pour les raffiner. Donc pour les … simplifier ! Du bon blé, de la bonne noix de coco, des bonnes tomates, etc, que l'agriculteur a fait pousser dans une terre riche, l'industriel ne gardera que une ou deux molécules après raffinage, molécules qui sont pour lui intéressantes. Le reste du produit brut finira au compost ou dans la nourriture pour animaux.

Pour moi, le raffinage des fruits et légumes biologiques est une ineptie. Les aliments composés sont chimiquement pauvres (homogénéité moléculaire) donc ils induisent des maladies liées à des carences, et qu'ils soient bio n'y change rien.

L'agriculteur bio qui a l'honneur et la fierté de produire les fruits et légumes les plus riches en nutriments ne doit pas les vendre à un industriel qui va les raffiner.

S'il le fait, par la force des choses l'industriel lui demandera tôt ou tard de cultiver une variété qui soit particulièrement riche en substances qui l'intéressent. Riche en protéines, en fibres, en vitamines, etc. Une telle variété — si elle existe sinon il sera demandé aux semences de la créer — est éloignée de la variété originelle, donc moins rustique, donc plus fragile face aux ravageurs des cultures et aux maladies. Elle sera plus compliquée à cultiver. Tôt ou tard, pour obtenir de bons rendements réguliers, l'agriculteur demandera des dérogations pour utiliser un pesticide ou un engrais chimique. Et le législateur lui accordera ce droit afin de ne pas mettre en danger la filière économique en question. Et cette culture ne sera plus biologique.

Est-ce que j'exagère ? Mais c'est cela qui s'est passé dans les années 1950-2000 afin de « soutenir » l'industrie agroalimentaire...

Les industriels n'aiment jamais que l'argent. Qu'il soit conventionnel ou bio est sans importance pour eux. Ce sont les industriels qu'il faut garder à l'œil ; sous couvert d'innovation ils veulent vendre des aliments composés, même s'ils savent qu'ils sont mauvais pour la santé.

Les aliments composés les plus déséquilibrés ou carencés sur le plan nutritionnel sont ceux dont l'emballage est le plus « tape à l'œil », afin d'attiser les émotions chez le client et de détourner son sens critique. Et en bio, cela fonctionne d'autant mieux que les phrases, dessins, slogans et logos des emballages sont « naturels, cool, relax, bien-être, bon pour l'humanité, peace and love, etc ».

Enfin, je reproche à ces aliments composés de nous entraver dans nos instincts d'auto-remédiation. Le corps, quand il a été bien éduqué dès la petite enfance à la plus grande palette possible de goûts, de textures et d'odeurs, sait ce dont il a besoin. Nous avons des « envies », pas seulement des envies gloutonnes de gourmand, mais des envies d'acide, d'amer, de frais, de chaux, de fermenté, de compact, de sec, etc, quand notre corps est malade ou, avant ce stade, simplement déséquilibré. Certes, il faut savoir entendre notre corps – ce qui requiert aussi de l'éducation. Mal de tête, bouffi, chaud, constipé : à ces déséquilibres le corps répond en demandant de manger certains fruits ou légumes. Nous les lui donnons et voilà la santé qui revient ! Voilà l'équilibre recréé ! Ainsi Hildegarde von Bingen a-t-elle pu écrire que l'épeautre soigne. Même les céréales (sous certaines conditions) servent à rétablir l'équilibre du corps (donc de l'esprit et de l'âme, mais c'est là un sujet qui déborde le cadre de ce petit texte).

Quand notre corps exprime un tel besoin, et que pour y répondre nous lui donnons un aliment composé à manger, il sera trompé. L'équilibre ne sera pas bien rétabli, car on n'aura donné à notre corps qu'une ou deux molécules.

Tout comme on pense retrouver la santé en ingérant un médicament : c'est une erreur. Le corps n'est pas aussi simple... Seule l'ingestion d'un produit brut, aux milliers de molécules différentes peur ramener l'équilibre. Consommer régulièrement des aliments composés est nuisible à notre instinct de remédiation : cela le rend plus faible ou, dans le cas des enfants, cela bloque son développement. Nourri de mal-bouffe, on tombe malade. Peut-on recouvrer la santé en ingérant d'autres produits de la mal-bouffe ? Non.

Je rajoute que les industriels de l'agroalimentaire et les laboratoires pharmaceutiques partagent le même goût morbide pour la pureté chimique. La pureté chimique est un paradigme dont on ne sortira que très progressivement, par une évolution lente, mais en profondeur, des consciences. Cette sortie adviendra, j'en suis convaincu. Cela passera par une remise à plat complète des appellations de tous les produits que nous mangeons. En regardant dans ma boule de cristal, et au vu du nombre de scandales alimentaires et des tentatives grossières des industriels de nous faire manger n'importe quoi, cette remise à plat se produira certainement dans les années 2040-2050. Quand l'industrie agroalimentaire ne sera plus une industrie particulièrement rentable en bourse. Alors le bon sens pourra écraser les intérêts égoïstes des industriels. Par exemple, mes pieds de tomates cultivées en terre, avec du compost, des engrais verts et paillées, produisent environ 6 kg par pied. Un pied de tomate hydroponique, hors-sol, nourri aux engrais liquides en produit trois fois plus. Qu'est-ce qu'on appelle encore une tomate ? Les miennes ? Les hydroponiques ? La vérité exige de bien nommer les chose.

Bref, refusez la partie. Exigez le tout ! Mangez des produits non raffinés. Ils vous donneront la santé et l'agriculteur bio qui vous les aura vendus, saura que vous comprenez et respectez son amour des plantes et de la terre. Il aura envie de continuer et de transmettre son métier — ce qu'il ne fait pas quand il mène une course au pognon avec l'industriel.

Quelle agriculture voulez-vous ?

Quelle campagne voulez-vous ?

DOIT-ON AIMER LA NATURE ?

Mai 2019

Une amie a lu mon livre « Quand la nuit vient au jardin », car elle me trouve intéressant et car elle s'intéresse à la permaculture. Cette amie est, comme beaucoup de gens, dans une phase de questionnement. Elle veut changer de vie, elle veut quitter un jour son travail d'administration en entreprise, pour être proche de la nature et des gens. D'où son intérêt pour la permaculture, intérêt par lequel je suis moi aussi passé car la permaculture est la forme la plus médiatisée du « retour à la terre ». Quand on a la trentaine et donc déjà plusieurs années d'expérience dans un travail, on se demande si on veut continuer comme ça pour le restant de ses jours. C'est normal. Et c'est d'autant plus normal quand le métier qu'on exerce ne nous satisfait plus ou pas entièrement.

Un concept que j'explique dans mon livre l'a donc surprise : le concept d'ephexis. L'ephexis est la suspension du jugement. Pratiquer l'ephexis envers la nature signifie ne pas la juger. Ne pas penser ou dire que tel animal est néfaste, telle plante est envahissante, telle météo est gênante. Ou tel animal est très utile, telle plante est essentielle, telle météo est formidable. On s'efforce de ne pas juger la nature, ni envers ses « mauvais » aspects, ni envers ses « bons » aspects. Je m'astreins à pratiquer l'ephexis envers et dans mon jardin, et cela l'a surprise. Elle ne s'imaginait pas capable de s'abstenir de ressentir des émotions dans un jardin. Elle ne s'imaginait pas capable de ne pas aimer la nature.

Moi aussi, quand je préparais mon changement de vie, la nature n'était pour moi que joie, calme, contemplation, beauté, énergie positive et origine sacrée de la vie. Je n'aurais pas pu, même une seconde, me sentir indifférent ou insensible envers la nature ! Oui, j'aimais profondément la nature, même si je ne faisais que commencer à la connaître. Que commencer à imaginer travailler avec elle.

Aujourd'hui, j'aime la nature, je n'hésite pas à le dire. Je dis que tous les travers de l'agriculture conventionnelle viennent d'une seule absence : l'amour des plantes et de la terre par les agriculteurs. Aimer les plantes et la terre, c'est le cœur du métier. Et non pas la performance économique, qui est une pseudo-science (ou une pseudo-religion) ! Passer le minimum de temps à produire (c'est-à-dire à semer, à arroser, à récolter, à prendre soin de la terre) est la pensée dominante dans le monde agricole, en conventionnel évidemment, en AB de plus en plus, hélas.

Pourtant, j'ai le cerveau qui gratte quand j'écris que j'aime la nature. Car en toute logique, en toute cohérence, aimer la nature signifie aimer les fleurs, les récoltes, les papillons, le printemps, le chat mignon, etc, mais aussi aimer l'arbre qui meurt, l'oiseau qui se fait manger par le chat, le ver qui parasite les intestins, l'insecte aux pattes répugnantes, la plante urticaire dont la sève vous brûle les bras, etc. Il fait aimer la nature dans son entièreté; n'en aimer que les parties qui flattent nos sens est puéril.

Ah ! Que ce serait mieux si nous étions des chats ! On n'aurait pas eu besoin de se torturer le cerveau pour inventer l'ephexis. On aurait juste eu à se comporter en chat. À agir sans réfléchir, guidés par notre instinct et nos sensations immédiates. Miaou ! Mais nous sommes des humains, donc nous n'avons pas d'autre choix que de questionner nos actions et nos façons de voir le monde. « La moulinette de la questionnette. » Dans mon cas, sans cesse. Non, j'exagère. Pas sans cesse, car je sais me laisser happer par les gestes du travail au jardin, auxquels j'accorde toute mon attention en lieu et place des réflexions. Le point focal …

J'ai créé un jardin et j'ai acquis deux chats pour qu'ils mangent mulots et campagnols. Mais les chats détruisent aussi les semis en grattant la terre meuble, en jouant et en courant sur les planches de cultures. En marchant jour et nuit, toujours aux mêmes endroits sur les voiles de forçage au printemps, tassant ainsi la terre en dessous et empêchant donc la germination des graines.

Dois-je donc aimer mes chats? Plus généralement, dois-je aimer toute la nature de mon jardin? Aimer ou ne pas aimer? Est-ce que ça change quelque chose si je n'aime pas mes chats? Si je demeure indifférent à toute cette nature? Certains diront que oui, car un jardin qui n'est pas aimé ne donne pas de belles récoltes. Je doute que cette relation de cause à effet soit démontrable et, certes, personne ne pourrait vivre et travailler dans un lieu pour lequel il n'éprouverait aucune émotion positive[1]. Mais ce qui me gêne, et ce qui m'a amené à l'ephexis, est le choix binaire d'aimer / ne pas aimer. Je crois que ce choix dual, cette polarisation, certes commune, ne permet pas d'appréhender toute la nature. Une façon de penser binaire (avec deux pôles, deux côtés, deux possibilités) est en général adéquate pour les situations les plus fréquentes et les plus évidentes, mais pas pour les situations extrêmes, rares, originales, complexes, subtiles. Par exemple, concevoir de façon binaire une relation parent /

---

[1] Dans mes livres *L'éphéxis au jardin* et *Le bonheur au jardin*, j'explique comment nos émotions se déploient au jardin. Je considère que ce savoir est un préliminaire à tout questionnement sur les liens entre nos émotions et la vitalité du jardin.

enfant serait inadapté, tout le monde en convient. Il faut bien plus de subtilité. C'est pareil avec la nature. Un autre exemple : on peut souvent lire qu'il faut mettre aux extrémités des lignes de culture telle ou telle plante, pour que la culture pousse mieux. Mais cette logique de plantation correspond-elle à la logique de la plante? À la logique des cultures? Ah ! Si on pouvait connaître avec certitude ce dont les plantes ont besoin pour bien pousser ! Si on pouvait connaître ce qui est avec certitude bon pour elles !

Cela pour dire que c'est en faisant abstraction de nos façons usuelles de penser la nature, que nous parviendrons à la connaître au mieux. La logique de la nature dépasse mille fois la nôtre. On ne peut donc apprendre d'elle que si nous la côtoyons libres de nos réflexes émotifs et intellectuels.

L'ephexis est justement ça : aller au-delà de la dualité usuelle. Et cela ne m'empêche pas d'aimer la nature. Et parfois de ne pas l'aimer, et parfois, parfois, de la ressentir différemment. De la ressentir, de la percevoir, d'une façon tout à fait ... autre. Unique, originale, originelle. Cf. les moments de subtils bonheurs que je vous présente dans Le bonheur au jardin, et qui pourraient être qualifiés de « béatitude » voire « d'éveil »[2].

Je ne regrette pas du tout ma conception actuelle de la nature, qui est plus nuancée et plus grande que lorsque je préparais ma nouvelle vie. Je ne regrette pas du tout de ne plus voir que les beaux aspects dans la Nature. Cette vision était celle d'un apprenti qui n'était pas encore assez subtil pour comprendre les liens entre la terre et les plantes, pour comprendre l'enracinement des plantes, pour comprendre l'effet la pluie,

---

2 Ah, vous pensez que « l'éveil », au sens spirituel de ce terme, devrait être une expérience unique ? Totalement bouleversante. Totalement illuminante ? Pourquoi donc ?

entre autres aspects de la nature que je jugeais basiques donc simples donc connus…

Les anciens disaient du travail au jardin ou au champ : « il faut faire ce qu'il y a à faire, c'est tout ». Cette injonction n'était pas de l'indifférence d'esprits rendus apathiques par le labeur répété, comme on le pense de façon erronée. Ou, plus souvent, quand on entendait cette injonction on la prenait comme une phrase mille fois répétée et on n'y accordait pas d'attention. Quand on parvient à connaître la nature par-delà l'amour ou le désamour, on la suit, tout simplement. Ephexis. On ne se tricote plus les méninges à se demander si on l'aime assez ou pas assez. Si on fait bien d'utiliser telle technique plutôt que telle autre. On agit en tant … qu'être humain. C'est tout. Comme le chat qui agit en tant que chat. Me comprenez-vous? On trouve notre place dans le grand tout. Dans et avec la nature. On n'a plus le choix. Mais ce n'est plus une question de choix. C'est notre juste place. Si on est passé au-delà du stade où on trouve tout beau puis au-delà du stade où on se sent affligé par la nature.

On cultive alors ce qu'il faut pour être bien nourri. En écoutant la nature, on sait quelles plantes il faut cultiver sur notre terrain, et comment. On ne balance de pesticides qui empoisonnent les sols et nous-mêmes. On ne jure pas fidélité et obéissance au culte de la performance économique. On fait ce qu'il y a à faire, ni trop ni trop peu. On ne fait produire le jardin ni trop ni trop peu. « Rien de trop » : ce principe de philosophie vaut aussi pour l'agriculture. Je dirais même que ce principe est un principe que la nature nous a donné.

Le « devoir » d'aimer la nature n'est qu'une idée propagée par des gens qui ne la connaissent pas, afin de séparer les « écolos » des autres. La nature accueille tout le monde, la nature toujours accepte tout ce que nous lui faisons subir, beau jardin agroécologique, champ pulvérisé au glyphe santé ou parking bitumé de grande surface. Au regard de nos moyens techniques actuels, elle nous laisse une totale liberté. Le moins que nous puissions faire est de penser en toute liberté, sans les chaînes de dogmes économiques, productivistes, ou de tout autre dogme social, jusqu'à ce que nous reconnaissions en toute raison que les plantes et les animaux ont eux aussi droit à leurs espaces de liberté. Seulement si la nature avait fait de nous ses esclaves aurions-nous eu la légitimité de la soumettre à nos caprices. Elle ne l'a pas fait. Pourtant nombre d'entre nous, à l'image du sénateur de la Manche corrompu par Monsanto, se sentent toute légitimité pour détruire et polluer la terre qui nous nourrit, traitant donc comme des esclaves et la nature et nous citoyens. Nombre d'élus des partis socialistes et républicains, depuis les années 1950, ont été des « esclavagistes modernes », faisant de la nature un matériau à piller et des peuples des cobayes. L'actuel sénateur, le précédent ministre de l'agriculture (député local), le précédent président du conseil départemental, de nombreux maires (unis dans un « front » contre l'association Manche-Nature). Quasiment tous les préfets. Six décennies de dédain de la nature… Aujourd'hui encore, à peine 8 % des citoyens en âge de voter osent exprimer par leur vote écologiste la nécessité de respecter la nature…

Pour contrer ce genre de personnage détestable et sans honneur qui empoisonne la terre et les eaux (et le poison est l'arme de prédilection des avortons), il faut donc dire publiquement que, oui, la nature doit être aimée ! C'est là le grand message politique (écologiste) à faire passer. Sans relâche. Même si, comme vous le savez maintenant, le vrai rapport à la nature est au-delà de toute dualité amour / haine.

DU FAUCHAGE : PRATIQUE ET SPIRITUALITÉ DU FER

Juin 2019

Depuis la mi-mai, chaque matin je fauche. Je fauche tôt, car l'herbe doit être humide. Humide, elle se laisse bien couper, mais sèche, elle est pareille à de la vieille ficelle. Je fauche donc tôt, pour m'économiser. Une heure chaque jour, pendant vingt jours environ. C'est très bon pour le dos, pour les jambes, pour les épaules, pour les bras et les mains. J'aime faire ce grand mouvement de coupe, j'aime sentir la lame glisser sur le sol et s'enfoncer dans l'herbe en faisant un bruit caractéristique. Et puis vient l'odeur de l'herbe coupée, l'odeur du foin, un peu sucrée, ronde, mi-lourde. On dirait… l'odeur du caramel vert !

Comment faire le geste du faucheur ? J'ai expliqué cela dans mon cours théorique d'agroécologie en 2015. J'avais aussi amené des considérations spirituelles en lien avec le fauchage, notamment la concentration. Aujourd'hui je vais vous proposer quelques réflexions complémentaires sur la pratique du fauchage et la spiritualité du fauchage.

La pratique. C'est-à-dire faire. Ne pas penser, ne pas réfléchir, ne pas observer, faire. Le faucheur est le point au centre du cercle que décrit la lame en glissant sur le sol. Mon père m'a filmé en train de faucher. En regardant la vidéo, j'ai été amusé de constater à quel point je semble faucher sans faire d'effort ! Mon geste semble facile et souple. Mes muscles semblent ne pas se tendre. C'est surprenant : la vidéo ne retransmet rien de toute la patience, de tous les efforts, de toute la concentration, de toutes les heures de pratique qu'il m'a fallu engranger pour arriver à mon actuel niveau de maîtrise de cet outil. L'image dit plus que le texte, et la vidéo dit plus que l'image : c'est la théorie. La vidéo ne dit rien, en fin de compte.

Quand je fauche, je ne fais pas juste un mouvement. Pour faucher, toute ma sensibilité est sollicitée. Mes pieds sentent le sol, sa texture, sa pente, son humidité. Mes yeux voient l'herbe, comment elle est penchée, sa densité, sa hauteur, sa nature. Mon torse ressent le vent. Les muscles de mes bras, de mes épaules et de mes mains ressentent la dureté de l'herbe, sa densité, sa diversité, son âge, sa quantité. Et je ressens aussi le métal même de la faux. Je ressens sa solidité, sa dureté, sa souplesse, sa résistance à l'abrasion, son poids, la longueur de la lame, la profondeur de son « talon », la courbure de la lame, si la lame est plate ou bombée dans le sens de sa longueur et dans le sens de sa largeur.

Quand j'apprenais faucher, on me montrait comment régler les poignées du manche à ma taille, comment régler l'angle de la lame par rapport au sol et comment régler son ouverture par rapport au manche. On me montrait comment battre et comment aiguiser la lame. Faire le bon geste, bien battre la lame, bien l'aiguiser, bien régler les angles de l'outil : pendant cinq ans j'ai perfectionné tous ces mouvements. Et cette année, j'ai testé une autre lame. Quelle différence !

Quelle différence que je pouvais ressentir ! Je ne pensais pas cela possible, mais si : j'ai ressenti que cette lame était différente. Son poids, mais surtout sa courbure, la profondeur de son talon et le « dos » de la lame, plus bombé que celle que j'utilisais depuis cinq ans. Je ressentais que le métal était plus dur, plus résistant et à la fois plus souple. Plus tranchant aussi. En fauchant, c'est tout cela que je ressentais. Mon corps me disait : « ce métal-là n'est pas pareil ». Après une heure de fauchage avec cette nouvelle lame, je me sentais très proche de son métal. Et je comprenais maintenant mieux le métal de mon autre lame. Chaque métal possède une « personnalité ». Une personnalité qui ne se résume pas à une notion de qualité, comprenez-moi. La lame récemment montée est d'ancienne facture, tandis que l'autre est de facture récente. L'ancienne lame semble plus robuste que la nouvelle ; l'ancienne lame requiert des coups de marteau plus appuyés pour être battue. La nouvelle est plus « molle », relativement. Je ne sais pas si on peut dire que l'ancienne est de meilleure qualité que la nouvelle. Je laisse le métallurgiste répondre à cette question.

Ce que je ressens, c'est que si je devais leur donner un nom, je ne les appellerai pas pareil. Ces deux lames ont deux personnalités différentes. Ont deux… âmes ?

Dans la cuisine, on utilise tous des couteaux. Chaque jour on coupe ou sa viande ou son pain avec. On sait tous ce qu'est un couteau, on sait tous qu'il y a de bonnes lames et qu'il y a de mauvaises lames. Mais le niveau d'intimité avec le métal s'arrête là. À la rigueur, le chef de famille est la personne la plus intime avec les couteaux, car il les aiguise – mais qui fait ça régulièrement de nos jours ?

Aujourd'hui, en fauchant, j'avais l'impression d'être avec un bon copain : cette nouvelle lame. Pour être exact, j'avais déjà utilisé cette lame sur une autre faux, une faux que je réservais aux tâches ingrates, notamment pour faire les talus de fossés, riches en doches et autres plantes aux tiges épaisses et dures. Pour cet usage, elle me donnait entière satisfaction. Elle était alors montée sur un manche d'entrée de gamme en aluminium.

Mais, sur internet, il y a deux ou trois ans, j'avais vu une vidéo d'un vieux faucheur, qui disait que c'est avec le talon qu'il faut faucher. Cette phrase me restait en tête. Je suppose que c'est parce que je n'arrivais pas à ressentir ce qu'il avait dit. Sauf parfois, quand ma lame était très bien aiguisée. Je ne ressentais pas, donc je ne comprenais pas. Mais ma lame n'avait pas vraiment de talon (environ trois centimètres). L'ancienne lame que j'utilisais pour faire les talus de fossé, elle, avait un talon de cinq ou six centimètres. Alors aujourd'hui, je me suis dit que j'allais la monter sur mon beau manche en hêtre. Dans ma tête, la faux pour faucher l'herbe de la prairie a toujours été la plus « noble ». Elle est composée de ma meilleure lame et de mon meilleur manche. Celle pour faucher les talus est moins noble, avec la lame plus lourde et le manche en aluminium avec moins de réglages possibles. Pour finir, le fauchon est le moins noble des trois : lourd manche en acier et lame épaisse et lourde comme une masse. Le fauchon sert à faucher les broussailles et les ronciers uniquement.

Bref, j'ai monté cette lame plus rustique sur mon beau manche en hêtre. Et là j'ai ressenti, j'ai compris, qu'on coupe avec le talon. Et oui, ce talon, qui est la terminaison intérieure de la lame, crée une accentuation de l'angle de coupe. L'accentuation est d'autant plus forte que le talon est grand. Et quand on arrive « en bout de course » du geste, de la gauche vers la droite, quand donc on arrive en bout de force musculaire, cette accentuation de l'angle de coupe permet de bien terminer la coupe. Le talon est fort, l'herbe s'accumule dans son creux pour ainsi dire, donc il y a plus de pression sur l'herbe, donc elle est plus facile à couper.

Je ne suis pas peu fier de pouvoir ressentir tout ça juste avec mes mains. Et avec mes épaules, mes bras et mon dos ! Je ressens l'âme du métal.

Et ce lien entre l'homme et le métal, c'est quelque chose de plurimillénaire, n'est-ce pas ? C'est quelque chose de tout à fait remarquable et important pour l'humanité. Depuis des temps immémoriaux les maréchaux-ferrants ont travaillé le minerai, pour en faire du métal. Et ils ont travaillé le métal, ils l'ont mélangé, ils l'ont plié, chauffé, refroidi, pour faire des lames parfaites. Des outils parfaits, à la fois souples, résistants et tranchants. On touche là à toute la spiritualité de la fabrication des armes : épées, dagues et katanas (sabres japonais). Par le passé, les épées avaient bien des noms, n'est-ce pas ? Qui a un nom, a une âme. A une identité, une personnalité.

Le métal est une sorte d'esprit de la nature. Un esprit tiré de la terre, de la montagne, de la roche. Tout comme les pierres précieuses.

En ressentant le métal de ma lame, aujourd'hui, c'est ce lien plurimillénaire que j'ai revivifié. Rien de moins.

C'est paradoxal, quand on y pense bien. Car il n'y a rien de moins naturel que le métal. Le métal est fabriqué par l'Homme, à partir du minerai. Minerai qui doit être extrait, puis concassé, puis broyé, puis chauffé. Ressentir l'âme du métal est paradoxal, car le métal n'est pas naturel. Notre corps est naturel, donc on ne peut ressentir l'âme que d'autres choses naturelles : l'âme de nos animaux de compagnies, de nos plantes, de nos arbres, du bois, du tissu fait du coton et du lin. Du cuir, des cornes. De la terre, de l'air, de l'eau, du feu. Mais l'âme du métal ? Non ce n'est pas logique.

Et pourtant, c'est bien cette âme que je pense avoir ressenti. Admettons-le, même si rien ne laisse penser que le métal puisse avoir une âme. Car qui a jamais ressenti l'âme de son couteau de cuisine ? Ou de sa monture de lunette ? Ah, quid de la carrosserie des voitures ? Les chromes – même si ça ne se fait plus. Oui, j'admets qu'on puisse ressentir un « lien » avec le métal de sa voiture. Ou avec le métal de son arme. Mais est-ce le métal qui fascine, qui lie, ou la puissance qui est lovée dans le cœur du métal ? ...

Si donc j'ai ressenti cette âme, alors le transhumanisme ne sert à rien ! Mon corps tout entier est capable de communier avec les caractéristiques atomiques du métal de la lame de ma faux. À quoi bon donc vouloir se greffer des puces dans la tête, pour commander une machine, quand notre corps est assez sensible pour ressentir la structure atomique du métal ? Il suffit d'utiliser notre corps tout entier pour ressentir. Mais si on ne veut pas bouger, me direz-vous. C'est vrai, c'est ce que je ne prends pas en compte : que l'homo modernus ne veut pas bouger son petit corps. L'homo modernus est totalement sédentaire (depuis que les dictatures capitalistes l'ont convaincu que le nec plus ultra, c'est de bouger le moins possible son corps pour laisser faire les machines à sa place).

Notre réceptivité totale n'est plus stimulée. Nous exerçons des métiers qui ne stimulent qu'un petit bout de notre corps : un neurone par-ci, un doigt par-là. Donc la vie nous semble bien petite. Donc on pense que ce serait bien de « l'agrandir » en y adjoignant une vie virtuelle grâce à internet. Moi je dis : utilisons tous les capteurs sensoriels de notre corps, et la vie nous paraîtra immense !

Comprenez bien que pour écrire ces lignes sur mon ressenti de l'âme du métal, il m'aura fallu cinq années de pratique du fauchage. Alors si on veut écrire à propos du ressenti des âmes de la pierre, de la terre, des végétaux, des bois, des fluides... il faut vivre énormément. Il faut vivre beaucoup.

Tous ces ressentis, je crois qu'on peut dire, pour rigoler, que c'est du transhumanisme avant l'heure. C'est du transhumanisme depuis toujours. On s'augmente, on se dépasse, on étend sa perception. Notre conscience s'étend jusqu'à la pointe de la lame en métal. Notre conscience est en mesure de s'étendre dans tous les objets, plus ou moins naturels, que nous utilisons avec notre corps. C'est une évidence qu'un instrument de musique est une extension, un prolongement, une augmentation, du corps humain.

Ça ne fait aucun doute que le transhumanisme dont on parle en ce moment, va advenir un jour. On aura des implants qui nous permettront de « ressentir » tel ou tel type d'onde magnétique, pour se relier à un réseau de données, pour piloter une machine, pour contacter un individu situé à l'autre bout de la terre via un internet amélioré. Et ça ne me chagrinerait pas à condition que notre potentiel originel de sensibilité humaine demeure utilisé. N'abandonnons pas tous ces outils manuels qui sont autant d'occasions d'étendre nos consciences.

Ça ne fait aussi aucun doute que les implants « neuro-silice » s'activeront de la même façon qu'on appuie sur un bouton : on / off. Allumé / éteint. Quel dommage ! Pour étendre notre conscience via les outils manuels, il nous faut des années d'apprentissage. Il nous faut de la transmission, de maître à disciple, des livres, des lieux de réunion et d'échange. Il nous faut du temps, pour vivre, pour ressentir, pour mettre en mot, pour raconter, pour tester. L'homme « transhumanisé » n'aura qu'à appuyer sur un bouton implanté sous sa peau pour s'augmenter en une fraction de seconde. Il n'y aura là aucun mérite. Tous les six mois, on se « téléchargera » dans le cerveau un nouveau « firmware » qui donnera à notre implant telle ou telle nouvelle fonctionnalité. La version 2.2.3 de votre implant silicio-oculaire vous permettra de voir, après les ultraviolets, les ondes infrarouges. C'est merveilleux : vous pourrez voir les ponts thermiques de votre maison !

Et vous pourrez vous augmenter quel que soit votre environnement, aussi simplement qu'aujourd'hui vous utilisez votre « smartphone » dans la foule aux heures de pointe. Fastoche ! Alors que pour parvenir à vivre ce que je viens de vous raconter sur ressentir l'âme du métal, il faut un environnement pur. Il faut le silence et le calme de la nature. Si un voisin vous inonde avec le bruit de ses machines de jardinier-amateur, si la décharge voisine vous remplit les narines de puanteur, si l'éleveur du coin vous remplit aussi les narines de puanteur parce qu'il a balancé du lisier pur dans ses champs, si des connards de motards traversent votre village à 150 km/h, si un avion de chasse passe en ras de motte au-dessus de votre jardin… vous n'allez pas pouvoir entrer en communion avec l'âme du métal.

Nous ne pouvons pas vivre séparé de notre environnement. Nous ne pouvons pas développer notre conscience si notre environnement nous en empêche, parce que nous le polluons au point que cela entrave notre sensibilité. L'épanouissement humain requiert un environnement non perturbé, non dégradé, non profané. Sinon ça nous perturbe, ça nous dégrade, ça nous profane. Cet environnement dégradé. C'est-à-dire les autres êtres humains… Ce serait donc un « avantage » pour le transhumanisme technique avec des implants : on pourrait s'augmenter même dans un environnement tout à fait dégradé.

Plus nous dégradons notre environnement, plus nous rendons celui-ci gênant pour notre épanouissement, plus nous rendons facile l'avènement du transhumanisme. L'un ne va pas sans l'autre. C'est triste, n'est-ce pas ?

Je ne vois qu'une seule solution : bouter hors de la terre tous ces idiots qui ne rêvent que de transformer l'Homme en une machine. Qu'ils aillent dans l'espace, sur mercure par exemple, là où l'environnement est toxique. Ils trouveront tous les défis imaginables pour « s'augmenter » avec des capteurs à infrarouges et des épidermes augmentés de titane ou que sais-je encore par voie de modification génétique. Et qu'ils y restent, qu'on puisse faire de la terre un sanctuaire dédié à l'épanouissement de la vie humaine !

TEMPS ET VALEUR

Juin 2019

En ce 11 juin, contrairement aux années précédentes, je peux m'accorder une demie après-midi de temps libre. Et hier après-midi aussi je me suis accordé le même luxe ! Cette année, j'ai mieux organisé mon travail au jardin que les années passées, et chacun de mes gestes est devenu, à force de pratiquer depuis 2015, plus rapide et plus efficace. Je passe moins de temps au jardin, et la production augmente par rapport aux années précédentes.

Bref, ce temps libre, je crois que je le mérite. Je crois que c'est une récompense !

Imaginez-vous une entreprise dans laquelle on octroie du temps libre supplémentaire aux employés, parce qu'ils travaillent bien ? Non, c'est tout à fait impensable. Je connais bien cette situation, je l'ai vécue : quand tout le travail est fait, le supérieur hiérarchique vous en donne du nouveau. Et la fois suivante il vous en donne plus. Pas question de vous laisser fainéanter ! Dans le meilleur des cas, une prime de salaire vient récompenser votre attachement à toujours travailler mieux. Car pourquoi prendre du temps libre, quand ce temps, qui est un bonus, qui n'était pas prévu, pourrait rapporter un bonus de bénéfice sonnant et trébuchant?

Me voici donc à profiter de ce temps libre, en écrivant le présent texte. Et j'imagine — sans avoir bien loin à imaginer — qu'en me voyant ainsi tout content, on m'enjoindrait à me trouver une nouvelle tâche productive à accomplir, pour que mon entreprise produise plus de bénéfices. Pour que ce temps-là soit bien rempli et bien productif. Au lieu que je ne jouisse de mon temps libre ! Qui est ce « on »? Des connaissances, d'autres maraîchers, des artisans. Des comptables, des assureurs, des employés de la sécurité sociale. Ma femme, peut-être. Si j'en avais une … Tout ce monde-là me reprocherait ma fainéantise, et pas que pour l'argument moral de la chose. Certainement que ces « recommandations » masqueraient une jalousie ou bien elles seraient faites par des gens conformistes qui pensent qu'il faut travailler tout le temps. C'est l'adage populaire « il gagne bien sa vie, mais il le mérite car il travaille beaucoup ». Car n'est-ce pas normal que quelqu'un qui travaille beaucoup gagne beaucoup d'argent? C'est logique, n'est- pas? Ou oseriez-vous penser autrement? Qu'est-ce qu'on porte aux nues dans cet adage? Un juste rapport entre le travail et l'argent? Moi, je vois dans cet adage une injonction tacite (non dite) à travailler pour gagner de l'argent et je vois une injonction morale tacite : que celui qui ne fait pas tous les efforts possibles pour travailler autant qu'il peut, est un fainéant. C'est … une morale de commerçant. Et je crois que cet adage sert aussi à masquer le désir d'argent. Tout simplement. Il sert comme justification morale du désir d'argent. On n'ose pas dire « il aime l'argent donc il travaille beaucoup ». Non, on préfère inverser les termes, pour faire d'un amour immoral un comportement moralement exemplaire, comportement qu'on aura donc aucun scrupule à suivre soi-même.

Vous pouvez penser que je cherche « la petite bête ». Mais j'ai trop en tête ces mots de Nietzsche : que le mal perdure d'autant mieux qu'il porte le masque de la vertu.

Bref, quitte à manquer de respect à cet adage et à toute la normalité qu'il incarne pour un très grand nombre de personnes, j'estime que je gagne assez d'argent avec mon entreprise telle que je la fais tourner actuellement, et que je peux m'octroyer le luxe de ce temps libre.

En fait, je me rémunère en temps libre. Et en prenant un peu de recul, une fois encore j'ai ressenti que l'agroécologie n'est pas une agriculture en phase avec la société présente. Voyez : certes je me satisfais de ce que je gagne, mais je ne gagne pas assez pour me payer une ligne de téléphone fixe avec internet. Je ne gagne pas assez pour partir en vacances. Je vis avec le soutien financier de mes parents. Je ne suis pas indépendant. Un problème de santé important me ruinerait.

Vivre comme je vis, c'est vivre sans honneur, diraient certains (les mêmes que ceux qui verraient d'un mauvais œil mon temps libre improductif).

À partir du moment où on ne désire pas produire beaucoup ni gagner beaucoup d'argent, on est hors-système. C'est tout !

Donc je suis lucide : l'agroécologie que je pratique sur mon terrain n'a aucune valeur dans la société présente. Je le sais. Ça ne vaut rien. Si j'avais de grosses machines pour produire beaucoup, mon entreprise aurait de la valeur aux yeux de la majorité des gens. C'est comme ça ! Si je travaillais chaque jour de mars à décembre pour produire et vendre autant de légumes que possible, mon entreprise aurait de la valeur… Nous sommes dans une société où l'argent est la base. Qui ne s'échine pas après l'argent n'est pas normal. Donc qui se restreint dans le travail n'est pas normal. N'est pas … « comme nous ».

J'ai écrit des livres pour transmettre tout ce que mon jardin agroécologique m'a enseigné. Je suis lucide : ces livres sont tout à fait inutiles pour celles et ceux qui ont besoin d'argent (parce que une famille, parce que des dettes, parce que etc etc). Je m'excuse maintenant auprès des lecteurs à qui j'ai laissé penser que l'agroécologie est l'agriculture de demain ! Pardon. L'agriculture, dans une société basée sur l'argent, ne peut qu'être compromis. Or l'agroécologie n'est praticable que dans la cohérence la plus forte. Il faut absolument respecter ses principes pour en obtenir les fruits. On ne peut pas la compromettre avec d'autres formes d'agricultures (avec d'autres catégories de techniques). Voyez que l'économie présente (et passée) est incohérente; pour gagner de l'argent, pour « gagner leur vie », les agriculteurs ne peuvent que faire des compromis avec le respect de la nature. Ils ne peuvent pas être totalement cohérents sous peine de ne pas produire assez. Concrètement, pour produire beaucoup il faut utiliser des machines agricoles pour labourer, semer, récolter. Ce qui implique d'utiliser des variétés adaptées aux machines. Eh oui ! Des variétés qu'on a sélectionnées sinon créées en ce sens. La contrepartie est que la valeur nutritive de ces variétés est faible. En agriculture biologique aussi ! Eh oui ! Eh oui c'est incohérent de produire des fruits et légumes qui ne nourrissent pas. C'est totalement incohérent, c'est « marcher sur la tête ». Mais les agriculteurs qui font ça gagnent de l'argent et ont le respect social qui va avec leur entreprise (ils font « vivre du monde et tourner l'économie »). Leur incohérence est victorieuse car adaptée au plus près à l'incohérence de notre système économique (c'est-à-dire l'incohérence de nos lois).

Je ne crois pas que des lois économiques cohérentes soient possibles dans une économie basée sur l'argent. L'argent est le grand justificateur de l'incohérence. Je crois que l'agroécologie ne pourra devenir la forme dominante d'agriculture qu'à partir du moment où l'argent aura été banni de la société. L'argent est une « chose » qui, toujours, a servi pour minimiser la valeur du temps[3]. La valeur du temps de travail notamment. Que se passe-

---

3   J'ai écrit par ailleurs qu'une fonction essentielle de l'argent est de forcer les individus à exercer des métiers qui ne les épanouissent pas. L'autre fonction de dévalorisation du temps vient s'y ajouter.

t-il quand un producteur vend les fruits de son travail? Il se passe ceci : Sur un plateau de la balance, le producteur met son temps de travail — c'est-à-dire son savoir-faire et ses gestes qui donnent sens à sa vie — et sur l'autre plateau de la balance l'acheteur met son argent. Auquel il rajoute le poids de ses paroles pour convaincre le producteur que la valeur de son temps de travail est inférieure à ce que lui producteur estime ! Et parce que le producteur a besoin de l'argent, il rogne sur la valeur de son temps de travail. D'où l'invention de machines, pour remplacer le temps de travail humain qui, de toute façon, n'a pas de valeur absolue. Car ce qui est absolu … c'est l'argent. Toujours négocier les prix à la baisse : c'est l'éternelle préoccupation de celui qui a l'argent vis-à-vis de celui qui en est dépourvu. Rien de nouveau sous le soleil.

Pourquoi donc est-ce que je veux pratiquer une activité qui me marginalise ? Je pratique l'agroécologie afin de m'épanouir. C'est-à-dire afin de faire toutes ces expériences avec la Nature qui confèrent, pour moi, un sens à ma vie. Et j'ai écrit des livres pour transmettre ce qu'est l'agroécologie et ce qu'elle apporte à l'humain intemporel qui est en nous. Cela a plus de valeur, pour moi, que l'argent.

Mais je n'écrirai plus de livres pour transmettre mon savoir et mes idées en agroécologie. Parce que ce serait inutile. Dans mon jardin je vais continuer, aussi longtemps que possible, à perfectionner l'agroécologie. Mais je ne transmettrai rien de plus de mes « trouvailles », de mes compréhensions et de mes réalisations. La raison est évidente : Car elles apparaîtraient comme utopiques dans un monde qui n'est pas du tout prêt à les recevoir. Tout comme au 18e siècle on écrivait massivement sur l'abolition de l'esclavage, mais on n'écrivait pas sur le droit à l'IVG. Ou sur le droit de vote des femmes ou sur l'interdiction du racisme. C'aurait été « pousser le bouchon un peu loin ». Déjà que mes livres trouvent peu de lecteurs[4].

Que vais-je faire donc, maintenant que je n'écris plus pour transmettre l'agroécologie ? Logiquement, je devrais me consacrer à participer aux luttes politiques pour faire advenir la société qui pourra accueillir pleinement l'agroécologie ! Cependant, ça c'est sur le long terme. Donc très difficile. Très improbable. À court terme, je crois pouvoir participer à répandre l'idée qu'il faut privilégier l'épanouissement humain par ses cinq sens. Il faut mettre à l'honneur et soutenir par des lois fermes toutes les activités d'expérience et de savoir-faire, artisanales, manuelles, et réduire au minimum les activités de conduite d'engin et d'appuyage sur des boutons. Actionner une machine à longueur de journée, comme faire des gestes répétitifs devant un ordinateur, ne permet pas l'épanouissement personnel. Il faut remettre le travail manuel au centre de la société. Pourquoi faut-il prendre des lois en ce sens, sans attendre ? Car ces lois auront pour effet d'affirmir notre humanité, notre « contenance » de vie. Ceci est indispensable si nous voulons rester maîtres des technologies qui vont être disponibles sous peu : nouvelle production d'électricité en surabondance (fusion nucléaire), intelligence artificielle, exploration spatiale (grâce à de nouveaux types de moteurs et une nouvelle conception de la physique de l'espace), génie génétique (synthèse d'organes et création ex nihilo d'espèces artificielles), utérus artificiel, transhumanisme, internet nouvelle génération omniprésent, création tridimensionnelle de pièces en métal ou toute autre matière (révolution de l'impression tridimensionnelle), contrôle climatique. Entre autres. Sans une humanité épanouie, affirmée, en chacun de nous, donc une humanité confiante en elle-même et sereine,

---

4 Cf. mon texte *Pourquoi écrire ?*

nous ne saurons pas utiliser ces nouvelles et très puissantes techniques sans nous détruire.

Voyez comme aujourd'hui on s'est empoisonnés avec des pesticides ! Et c'est trop tard, le mal est fait. Ces poisons sont dans la terre, et ils y resteront. Et on les retrouvera toujours dans les récoltes. Voyez l'usage qu'on a fait de l'amiante. Voyez la pollution généralisée aux micro-particules de plastique. La pollution radioactive. La pollution électromagnétique (ondes). Etc. Tout ça parce qu'on a jugé bon de baser la société moderne sur l'argent plutôt que sur notre humanité. Sur ce qui fait de nous des êtres humains.

En ce moment, je tergiverse. M'est-il possible de participer à répandre cette idée ? En agissant via un parti politique ? Que puis-je faire ? Aucune chance ! Exprimée ainsi, seuls des intellos peuvent comprendre cette idée. Il faudrait la formuler de façon à ce que les plus idiots puissent la comprendre. Il faudrait en faire un marteau avec lequel aplatir le paradigme — la propagande — du tout argent. Il faudrait en faire un idéal simple, qui transforme à son contact toutes les doctrines actuelles qui justifient l'argent et ses corollaires (la compétition, le marché libre, le statut social …) en nouvelles doctrines de l'épanouissement personnel. Il faudrait en faire une idée vivante — la vie est évolution et transformation.

Je peux exprimer différemment mon idée : si nous ne donnons pas la priorité à l'épanouissement personnel, l'humanité ne sera jamais assez intelligente pour inventer toutes les techniques que j'ai listées. Aussi, elle ne sera pas assez intelligente pour comprendre le climat, donc pour arrêter de le dérégler. Mais cette formulation est encore trop intellectuelle.Je peux dire aussi : L'intelligence, c'est cette chose qui fait le lien entre nous, l'humanité, et notre lieu de vie, la Terre. Tout ce qu'aujourd'hui on appelle intelligence et qui ne sert pas à respecter et à faire fructifier ce lien sacré, ce n'est tout simplement pas de l'intelligence. C'est de la propagande. Le code du travail, la législation comptable, sont des exemples parmi des milliers de fausse intelligence. Ce sont des inepties, des trucs tout à fait inutiles, dont le seul objectif est de conférer à certains humains plus de pouvoir que d'autres. Notamment le premier des pouvoirs : celui de faire des lois. D'où des lois qui instaurent toujours plus de fausse intelligence. Le cercle vicieux est bouclé et indéfiniment prolixe.

Comment briser ce cercle ? Je ne sais pas ! Je vais aller demander conseil à mon jardin …

ARGENT, TU NE ME PLAIS PLUS

Février 2019

La malédiction de l'argent

En 1515, Thomas More écrivait dans son Utopie que l'argent a été inventé avec la justification de permettre une répartition équitable des récoltes. Mais que l'argent est devenu, dans les faits, ce qui empêche à la majorité de la population d'avoir accès aux récoltes. D'où famines et pauvreté incessantes. C'était il y a plus de 400 ans et l'argent engendre toujours les mêmes problèmes.

On a tous entendu dire que « l'argent ne fait pas le bonheur », certes, mais qu'il en faut pour subvenir aux besoins essentiels. L'argent ne fait pas le bonheur mais « il y contribue ». Il n'est pas indispensable de courir après l'argent jusqu'à en amasser des montagnes : il en faut juste assez pour se nourrir, se loger, se vêtir, voyager et avoir une petite réserve en cas d'imprévu de la vie.

En cherchant à voir au-delà de l'opinion commune, j'en suis arrivé à croire que l'argent est une malédiction. Il est facile d'énoncer tous les méfaits que les Hommes ont commis au nom de l'argent. Et il est également facile d'énoncer tous les bienfaits qui ont été réalisés grâce à l'utilisation de l'argent. L'argent n'est qu'un outil, n'est qu'un moyen : il sert à faire le bien ou le mal selon qu'on l'utilise de telle ou telle façon.

Implicitement, nous admettons tous que les sociétés évoluées sont celles qui utilisent l'argent. Sans argent, il n'y eut pas le progrès social durant les siècles précédents. L'argent est un paradigme, c'est-à-dire qu'il est le cadre dans lequel notre société se pense et se construit. Il est l'alpha et l'oméga. Nous mesurons tout à l'aune de l'argent.

L'argent est une malédiction, je le crois. Et je vais tenter de préciser cette malédiction. L'argent est malédiction parce qu'il est à la fois une fin et un moyen, à la fois utile et catastrophique, à la fois cause et conséquence. La dualité de l'argent fait que nous ne pouvons pas nous en débarrasser. Il unit tous les Hommes en même temps qu'il les discrimine : il détermine ceux qui sont en haut et ceux qui sont en bas, ceux qui sont devant et ceux qui sont derrière, ceux qui émettent la lumière et ceux qui n'en émettent pas, ceux qui gouvernent et ceux qui sont gouvernés, ceux qui disent et ceux qui font, ceux qui sont fatigués et ceux qui sont reposés, etc. Le « bien » ne peut pas être séparé du « mal », d'où la malédiction. Il serait facile d'éradiquer toute chose qui serait foncièrement mauvaise ; mais cette façon de penser n'est pas valable pour l'argent.

Société « éclairée », nous clamons haut et fort les valeurs humaines et leur respect : amour, prévenance, soin, confiance, amitié, fraternité, transmission, etc. Mais, société évoluée, nous revendiquons aussi, une phrase plus loin dans tous nos textes de loi, que ces valeurs doivent être rémunérées en argent sonnant et trébuchant. Il en résulte que nos médecins et nos pharmaciens sont riches. Nos associations humanitaires sont financées par des mécènes millionnaires. Nos élus nationaux vivent dans l'opulence. Les entreprises qui vendent des produits avec l'argument que ces produits permettent l'épanouissement personnel, sont celles qui gagnent le plus d'argent. Les coachs en développement personnel, les psychanalystes et les psychologues vendent leurs conseils fort chers.

J'ai toujours cru qu'on ne peut pas comparer une pomme et une poire : car peut-on reprocher à l'une de ne pas avoir les qualités de l'autre ? Mais, apparemment, tout pourrait être comparé à l'argent.

Vous savez, comme moi, que les méandres de la valeur de l'argent sont sombres et complexes. Travaillez une heure à vider le contenu d'un camion dans un entrepôt : en France on vous paiera sept euros net, en Chine un euro net. Au Pakistan moins encore. Restons en France, dans l'agriculture, pour prendre un autre exemple. Je vends les salades que je produis quatre-vingts centimes l'unité. Je vends aussi des endives que je produis. Elles requièrent deux fois plus de temps de travail que les salades, donc je devrais les vendre deux fois plus cher. Mais à ce prix, personne ne les achète, donc je dois les vends environ 40 % moins cher. En tant que maraîcher, je gagne environ quatre euros net de l'heure. Autre comparaison : un vendeur qui ouvre des cartons de vêtement et en met le contenu sur des étagères est payé sept euros net. Il n'a fait qu'ouvrir un carton, en présenter le contenu, gérer son stock. Le vêtement a été presque entièrement fabriqué à la machine. Le travail manuel représente peut-être dix pour-cent du chiffre d'affaires. Dans mon jardin, je cultive au contraire presque entièrement à la main. Donc d'un côté 10 % de travail manuel payés 7 € par heure, de l'autre côté 90 % de travail manuel payés 4 € par heure.

Certes, ces exemples montrent qu'on peut tout ramener à l'argent à des fins de comparaison. Mais est-ce parce qu'on peut le penser qu'on doit le faire ? On en est arrivés à comparer l'incomparable. On compare d'un côté un métier très pauvre en savoir-faire, avec de l'autre côté un métier où tout est savoir-faire. Donc je conclus que dans notre société évoluée, le savoir-faire nuit à l'argent. Trop de savoir-faire empêche de gagner de l'argent.

Là s'amorce une tendance d'opposition entre l'argent et le travail. Elle se poursuit en une logique fort simple : le travail manuel ne rapporte pas d'argent. Sauf si, seule et unique condition, vous pouvez le vendre comme art. Comme geste de production d'un objet de luxe. Sinon, ce n'est pas rentable.

Chacun dans son domaine trouvera des exemples de comparaisons impossibles, illogiques, mais rendues possibles grâce à l'argent. Ces comparaisons in fine aboutissent à la destruction des métiers à fort savoir-faire, qui sont remplacés par des métiers à faible savoir-faire.

Qui aime exercer un métier dépourvu de tout savoir-faire ? C'est pourtant ce genre de métiers qui est le plus rentable, grâce auxquels des fortunes colossales ont été amassées par certaines personnes, au niveau national et au niveau international. Qui aime travailler dans un entrepôt (un « centre logistique » comme on dit aujourd'hui) géré par une intelligence artificielle, par exemple ? Personne. Je crois que si le choix était toujours possible, chaque individu exercerait un métier riche en savoir-faire. Un métier sans savoir-faire n'est que répétition, monotonie et obéissance muette.

Pour générer plus d'argent, même ces métiers simplistes finissent par être effectués par des robots, et ceux qui les exerçaient se retrouvent au chômage longue durée. Dans la logique du tout-argent, l'humain devient in fine un problème. Dans le monde de la finance, ce sont maintenant des spéculateurs-robot qui achètent et vendent à d'autres spéculateurs-robot (on les appelle des algorithmes). Finis les employés des salles de bourse qui émettaient avec frénésie des ordres d'achat et de vente !

L'argent est une malédiction qui, en référant tout à elle-même, finit par évincer tout ce qui ne lui ressemble pas assez. L'argent est la fin en soi et le moyen d'atteindre cette fin en soi.

Et l'humain dans tout ça ? Eh bien, il est tout simplement l'inventeur de l'argent. S'il l'a fait advenir, il peut tout autant le faire disparaître. Et cela ne coûte… aucun argent !

La fin de l'argent

En théorie, il est facile d'imaginer une économie qui fonctionne sans argent. Ce serait un mélange de troc, de gratuité, d'épanouissement personnel, d'absence de compétition, de recyclage, de sobriété. Chaque personne aurait à cœur de s'épanouir par son métier. La propriété individuelle n'existerait plus : il suffirait de la remplacer par la responsabilité individuelle. De la même façon qu'un honnête agriculteur prend soin de la terre qu'il a reçue un jour quand il était jeune et qu'il donnera un jour quand il sera vieux. On ne jettera presque plus rien, car chaque objet sera conçu pour être réparé et évoluer. Quid du désir personnel de posséder ? Aujourd'hui par exemple certaines personnes veulent toujours plus d'ordinateurs, de vélos, de machines, de maisons, etc. On accumule tous des objets redondants ; pour un vélo qu'on utilise quotidiennement, on en a quatre dans le garage qui prennent la poussière. On vit dans un monde où plus on a de possessions, plus on se sent en sécurité. L'avènement d'une société où l'épanouissement personnel prime va complètement transformer le besoin de sécurité. On trouvera la sécurité dans les personnes qui nous entourent, qui nous enseignent et à qui on enseigne. La relation humaine sera la base de la sécurité. Certes, la relation humaine est fluide, variable, élastique. L'objet qu'on achète est au contraire bien défini, solide, mesurable, commandable en appuyant sur un ou deux boutons. Mais nous croyons qu'il nous procure de la sécurité (matérielle, émotionnelle voire spirituelle) parce qu'on nous l'a enseigné ainsi. Et parce que les publicités nous enfoncent cette croyance au plus profond de nos oreilles et de nos orbites. J'oubliais : dans une économie sans argent, la publicité n'existera plus.

Tous les besoins listés dans la pyramide de Maslow peuvent être satisfaits avec une économie sans argent.

Le problème est juste avant cela. Avant cette économie nouvelle. Le problème se situe au niveau du passage de l'actuelle à la nouvelle économie.

L'actuelle économie est régie par certaines valeurs, qui se résument à une seule : gagner le plus d'argent possible. Bref : la future économie et l'actuelle économie sont incommensurables. Incomparables.

Donc comment passer de l'une à l'autre ? Comment passer de la pomme à la poire ?

Faut-il passer par un état intermédiaire, qui serait une sorte d'économie du troc ? Des monnaies locales existent déjà. Des systèmes de troc locaux existent déjà, les SELS par exemple (Système d'Échange Local). Des monnaies alternatives internationales existent déjà : le bitcoin par exemple. Mais, à mon sens, ces initiatives n'existent que parce que l'argent conventionnel – le dollar – continue à exister. Ces initiatives voient même leur valeur augmenter quand le dollar augmente : plus on a confiance dans le dollar et dans l'économie conventionnelle, plus on a confiance dans les monnaies alternatives. Mais dès que le dollar flanche, on craint que les monnaies alternatives ne flanchent plus rapidement encore et on leur retire toute crédibilité. Elles sont au dollar ce que les mouches sont aux vaches. Je ne comprends pas pourquoi certains continuent à mettre en place de telles initiatives. Les multiplier ne les rend pas plus crédibles pour autant.

Le passage de l'actuelle à la future économie peut selon moi se réaliser de deux façons :

• Soit par une révolution. C'est le « grand soir » : on met tout à terre et on reconstruit.

• Soit par un semis. Quand on a des pommes, c'est qu'on a des pommiers. Donc si on veut des poires, il faut des graines de poiriers et il faut les semer.

Je vais m'expliquer. La graine à utiliser est celle de l'épanouissement au travail. Où mettre la graine ? Dans un terreau. C'est-à-dire un environnement qui lui soit convenable, c'est-à-dire qu'il faut réunir dans un lieu donné des objets qui ne parviennent plus à rentrer dans l'économie. De facto on décide que l'argent n'a plus cours dans ce lieu. Et on y met des gens à qui l'on dit de s'épanouir en travaillant avec les objets à disposition. Il y a deux conditions à respecter :

1. Les objets retravaillés avec amour par ces personnes ne retourneront pas dans l'économie basée sur l'argent ;

2. Ce lieu d'activité doit être clairement délimité et identifié comme tel, avec par exemple des écriteaux « ici démarre la zone sans argent » ;

Vous connaissez comme moi les quantités énormes de déchets que notre économie produit. Il suffit d'aller dans une déchetterie pour s'en rendre compte. Les déchetteries de produits industriels sont encore plus grandes. On jette de tout : bois, métaux, plastiques, vêtements, ordinateurs, matériaux de construction… La gabegie de matériel électronique est impressionnante ; tous les deux ans on change de smartphone, tous les cinq d'ordinateur et de télévision. Parce que les producteurs font à dessein des produits qui ne se réparent pas et qui ne peut pas évoluer. Ils veulent nous faire acheter sans cesse des nouveautés.

Donc dans une zone sans argent, tous les métiers peuvent être réinstaurés en utilisant toute la palette des déchets. Il y a autant de choses dans une déchetterie que dans un supermarché – il suffirait d'inverser les pancartes ! La bonne blague !

Plus sérieusement, imaginons une nouvelle zone déclarée sans argent. Voilà qu'un métallurgiste s'installe, un menuisier, un maçon, un plombier, une couturière, un électronicien. Vous amenez vos déchets dans cette zone : ils servent de matériaux pour les nouveaux travailleurs. Après quelque temps, peut-être une année, la zone est si pleine de matériaux qui fonctionne que le potentiel technique peut être exporté. Le maçon de la zone aurait le matériel pour réparer votre mur endommagé, le menuisier pour rénover votre escalier, etc. Vous, vous voudriez bien devenir potier. Il y a tellement d'argile et de machines à tourner à la déchetterie-zone sans argent (ZSA)… Alors vous décidez de faire le pas : d'annexer votre maison à la ZSA. Tous les travailleurs de la ZSA peuvent venir chez vous, et vous et votre famille aller dans la ZSA et y faire le travail que vous avez toujours voulu.

Petit à petit, votre voisin, qui s'ennuie devant son téléviseur depuis qu'il est à la retraite, vous jalouse. Il voit bien qu'il y a de la vie chez vous, mais pas chez lui. Et dire qu'il a plein d'outils qui sommeillent et une bibliothèque superbe. Lui aussi, un beau matin, fait le pas : il s'annexe à la ZSA. Et tout heureux, il part dans la ZSA renouer avec son métier qu'il aimait tant de bourrelier. C'est que le vent tourne : des dizaines de maison s'annexent à la ZSA. Toutes deviennent ZSA à leur tour. Voilà qu'il y a untel qui manque de tuyaux, untel autre qui veut un nouveau lit, etc. Tout le monde va travailler chez tout le monde, pour le seul plaisir de faire du beau travail ! Après quelque temps, les propriétés sont abolies et remplacées par des responsabilités.

Il ne reste plus qu'à agrandir la ZSA toujours plus, jusqu'à ce qu'elle recouvre le territoire national entièrement, incluant toutes les ressources minérales, animales, végétales, toutes les infrastructures.

Et après ?

Et après, me demanderez-vous ? Quid des relations entre les pays ? Quid du commerce mondial ? À partir de cette dimension-là, je n'ai pas d'idée à vous proposer. Mais j'ai confiance en l'humanité. L'actuelle mondialisation s'est réalisée par la force, par la guerre, par l'esclavage. Une autre mondialisation est sûrement possible ! D'autant qu'une économie sans argent aura des répercussions au niveau de l'éducation et au niveau de l'intelligence des citoyens. On saura plus clairement ce qui est important. Aujourd'hui les relations entre pays sont mauvaises parce qu'il y en a toujours un qui veut que l'autre utilise ses armes pour tuer son voisin ou pour se tuer chez soi. Le monde d'aujourd'hui est merdique ? Demandez à la France, notable pays vendeur d'armes… Pays qui se permet en plus de donner des leçons de morale… Dans une économie sans argent, les gens auront mieux à faire que de se menacer avec des armes comme on le fait aujourd'hui, par pur plaisir ou soi-disant pour résoudre des problèmes.

Je crois que dans un premier temps, on redécouvrira les différences entre les peuples. Puis on réapprendra à les respecter. Enfin, on fera en sorte que cette diversité soit un atout majeur pour l'humanité toute entière. L'humanité sera une et diverse à la fois. Et pas une comme aujourd'hui, avec d'un côté ceux qui dirigent et de l'autre côté ceux qui fabriquent…

En l'absence d'argent, on n'incitera plus personne à avaler de la malbouffe. Les cerveaux se remettront à fonctionner et les émotions seront reprises en main. Pas comme aujourd'hui où le moindre désir se revendique comme un droit.

Il y a des baffes qui se perdent. Et ça, dès à présent, on devrait en donner. Ça ne coûte rien !

Une société débarrassée de l'argent ne sera pas pour autant débarrassée du crime et du vol, j'en ai conscience. Que faire des tueurs et des voleurs ?

L'épanouissement personnel et la responsabilité étant les deux piliers de cette nouvelle société, nul doute que la gestion des délinquants se fera au niveau de « l'âme ». La sotériologie redeviendra au goût du jour, à la différence près que les délinquants seront amenés à sauver leur âme du temps de leur vie et non après leur mort.

Cette société deviendra-t-elle in fine une sorte de dictature du bonheur ? Où l'on sera sommé de s'épanouir ? Où être heureux sera à la fois un droit et un devoir ? Quid du gamin qui ne voudra pas faire ce qu'on lui dit ? Ne sera-t-il pas « pris » dans un filet immense où quoi qu'il fasse, on lui balancera toujours la question de l'épanouissement ? Aujourd'hui, cette question est de l'ordre de l'intime – car certaines religions et certaines organisations politiques en ont abusé par le passé. Du moment qu'un enfant devenu adulte a un emploi et gagne assez d'argent pour se loger et se nourrir, ses parents n'ont plus le droit de lui imposer un style de vie.

Il est donc probable que dans cette belle société future sans argent, que je trace ici à grands traits, à sa marge ou à ses frontières se développent d'autres petites sociétés, qui auront des règles de vie spécifique et où iront vivre ceux que la notion omniprésente d'épanouissement personnel rebute. Là la société des hédonistes par exemple. Là la société des castagneurs. Là celle des escrocs. Là une « société » qui n'en a que le nom et qui sera une anarchie totale.

Quand on dit à une société comment se comporter, comment vivre, ça tourne toujours mal in fine. Le désir de liberté devient in fine trop fort et fait exploser les règles. Quand on dit à une société qu'elle est libre de tout faire, les plus forts et les plus rusés s'imposent. Le désir de justice devient in fine trop fort et met à bas les seigneurs auto-proclamés.

Retour dans le présent

Notre économie basée sur l'argent a ceci de particulier qu'elle permet de faire cohabiter les seigneurs et les défenseurs des droits de l'homme. Elle fait cohabiter les apôtres de l'épanouissement personnel et les donneurs d'ordre sans scrupules. Toutes les sortes de personnes et de comportements coexistent. Même si je n'aime pas l'argent, je constate qu'il a un fort pouvoir de régulation. Il régule sans punir, sans interdire, sans violenter (directement, car indirectement on use et on abuse de violence, bien sûr). L'argent banni, il faudra d'autres régulateurs : épanouissement personnel et responsabilité. Il est possible que ces régulateurs fassent autant de discrimination que l'argent, et qu'une scission en deux de l'humanité en soit la conséquence à long terme (les « angélistes » d'un côté, les épris de liberté totale de l'autre).

Alors pourquoi ai-je le besoin de remettre en question l'argent ? Peut-être est-ce comme le temps en agriculture. En agriculture, il n'y a pas de mauvais temps. Le mauvais temps est simplement le temps qui dure trop longtemps. Dans mon jardin, la vie est variation, la vie est alternance, la vie est croissance, la vie est déclin, la vie est chaud, la vie est froid. Je pressens que l'argent commence à avoir « fait son temps », peut-être. Qui veut vivre dans une société dont on sait que les règles ne changeront jamais ? Dont l'apparence, tout simplement, sera toujours la même ? Voulons-nous, est-ce que moi je veux, une société immuable ? Spontanément, je préfère une société qui peut changer. Certes cela implique un déclin, une décroissance – une décadence dirait Michel Onfray – mais la peur du déclin est, selon moi, facilement remplacée par l'enthousiasme de tenir le gouvernail dans une nouvelle direction.

Qui veut rester dans une société où les seuls paramètres sont la croissance du PIB et l'augmentation des actes de vente et de production ? Notre société ne jure que par toujours plus d'argent et toujours plus de commerce. Moi j'aspire à une société basée sur d'autres paramètres. D'autres valeurs. Donc j'aspire à la fin de l'économie basée sur l'argent.

Très concrètement, je pense que l'agroécologie, qui est cette nouvelle forme d'agriculture que je pratique dans mon jardin, ne peut se développer pleinement que si on la libère des considérations pécuniaires. Que si on la libère du dogme du « chiffre d'affaires maximal par heure de travail ».

Je sais que placer une société sous un nouvel idéal de vie est risqué. Cela comporte énormément d'éléments imprévisibles. C'est un pari, incontestablement. Mais les protestants, il y a fort longtemps, ont fait le pari que l'économie se développerait si on autorisait le prêt avec intérêt. Cet acte qui était auparavant immoral est devenu l'acte essentiel de notre économie. Le pari a été gagné. Il n'est écrit nulle part qu'aucun autre pari ne peut être gagné.

AU NOM DE QUOI ? LA DISPARITION DU TRAVAIL ARTISANAL

Février 2019

Différents taux de cotisation sociale

En 2016, une acheteuse-revendeuse de fraises vint se plaindre auprès de moi, un jour de marché. Je vendais, selon elle, mes fraises trop peu chères. Je lui faisais, selon elle, de la concurrence déloyale. Le prix de mes fraises était la moitié du sien.

Je suis agriculteur cotisant solidaire, c'est-à-dire que je travaille moins de 1200 heures par an dans mon jardin et que ma surface agricole est inférieure à 5 hectares. Mes cotisations agricoles sont dix fois inférieures à celle d'un « vrai » agriculteur. Je cotise aux environs de 400 € pour ces 1200 heures de travail, soit environ 33 centimes par heure de travail. Un vrai agriculteur cotise aux environs de 4 000 € par an (2400 heures), soit 1,7 € par heure de travail. Un employé au SMIC est payé 6 € net pour 12 € bruts, soit 6 € de cotisation par heure de travail.

Notez ces différences. Au nom de quoi le législateur les a-t-elles fixées dans la loi ?

On me reproche de « profiter du système ». Strictement parlant, c'est faux : je m'inscris tout à fait dans le système. Je suis dans la légalité. Le « statut » de cotisant solidaire est légal et inscrit dans la loi. Le reproche est en fait autre : on me reproche de ne pas cotiser assez. Et, comme on sait, c'est le poids des cotisations qui en France rend délicate la survie de toute entreprise. On me reproche donc de ne pas vouloir prendre ce risque comme tout le monde. Est inclus aussi dans le reproche le fait que ce seraient les autres qui paient pour ma sécurité sociale. Pour la santé par exemple, mes cotisations ne suffiraient pas à couvrir mes propres dépenses de santé ; ce seraient donc les cotisations des autres personnes qui paieraient mes dépenses de santé.

J'entends le reproche, mais, comment dire, la situation me convient bien. Je voudrais bien pouvoir cotiser plus, notamment à proportion de mes bénéfices. Mais la loi me l'interdit !

Selon moi, les cotisations et la fiscalité des entreprises pêchent autant par leurs montants que par la façon dont elles sont calculées. Il y a tellement de règles de calcul ! Il y a tellement de cas particuliers !

Ici n'est pas le lieu pour dénouer cet immense sac de nœuds. Pour ma part, je voudrais que tout soit remis à zéro, avec la méthode exposée dans mon livre de réflexions politiques et dans ma lettre au ministre de l'économie.

Revenons au SMIC, qui est associé à une cotisation de 6 € par heure de travail. Quand un SMIC est payé à un employé, dans l'immense majorité des situations, c'est parce que le travail de production est effectué par des machines. Le travail manuel de l'employé est réduit au minimum.

Pour le législateur, le montant de la « juste cotisation » est le montant pour un travail où la part de production assurée par des machines est maximale. Cette décision résulte de rien d'autre que de l'idéologie du progrès.

Qu'est-ce qui est mieux : une main ou une machine ?

Étant donné que le législateur ne peut pas interdire les métiers manuels, il s'est arrangé pour que les montants des cotisations entraîne de facto la cessation d'activité pour les métiers manuels.

Cela est critiquable. Au nom de quoi cette décision ? Au nom de quoi peut-on interdire des métiers où le sens de l'observation, la dextérité, la patience, l'expérience, sont essentiels, pour les remplacer par des métiers où ce sont des machines qui font le travail ? Au nom de quoi ? Les métiers manuels sont épanouissants – appuyer sur le bouton d'une machine pour la mettre en route ne l'est pas.

Nous arrivons à ce fait, très banal, qui est que l'argent prime sur l'épanouissement humain. Je ne vois pas d'autre explication : au nom de l'argent.

Certains expliquent qu'il fallait en finir avec les métiers manuels afin de produire plus pour équiper tout le monde en meubles, en outils ménagers, en maison, en vêtements, etc. La production de masse, assurée par les machines, permettait aussi de baisser les coûts, donc permettait aux personnes les plus modestes de s'acheter elles aussi une machine à laver le linge par exemple. Ou une voiture.

Aujourd'hui, cette idéologie révèle ses incohérences. D'une part on gaspille énormément, d'autre part on produit plein d'objets de mauvaise qualité, que certes les pauvres peuvent acheter, mais quel cynisme ! Le pauvre d'aujourd'hui n'achète que des produits qui sont conçus pour satisfaire son état de pauvreté. Les produits de qualité sont trop chers pour lui.

Au nom de l'argent, depuis le 19e siècle des métiers manuels disparaissent tous les ans.

L'erreur de notre époque moderne est de mettre en compétition les métiers manuels et les métiers mécanisés. Car l'idéologie de l'argent ne reconnaît qu'un seul vainqueur : le plus productif par heure de travail.

Combien d'années encore continuerons-nous à opposer ces métiers ? Combien d'années encore demeurerons-nous des abrutis, à comparer le travail fait par une machine au travail fait par la main de l'Homme ? Certes, certaines machines nous épargnent le labeur physique. Mais labeur physique il y a, uniquement quand il faut produire « en masse » comme on dit aujourd'hui. Bien sûr que pour produire en masse il faut des machines, sans quoi le corps est détruit par la répétition des gestes ! Production manuelle et production mécanisée sont incommensurables. Dans le premier cas, il y a observation, ressenti, dextérité, calcul, prévision. Dans le second, il y a juste un ou plusieurs mouvements de métal, de bois, de plastique, et combustion de pétrole ou consommation d'électricité. Dans les deux cas il se passe des choses tellement différentes que je ne comprends pas pourquoi on les compare.

Tradition et modernité

Si on appelle modernité la production mécanique et tradition la production manuelle, dans mon esprit il est évident que production mécanique et production manuelle peuvent coexister. La modernité n'exclut pas la tradition ; la tradition n'exclut pas la modernité. Au fronton de chaque école de formation professionnelle, je rêverai de voir inscrite ces deux mots : « tradition et modernité ». En fait, ces deux mots conviendraient très bien pour toutes les écoles !

En les comparant sur la base de l'argent, l'une est jugée plus chère que l'autre : la production manuelle est de nos jours réservée aux produits chers, c'est-à-dire aux produits de luxe. Les produits faits à la machine sont jugés moins chers que ceux faits à la main. Mais on peut renverser cette façon de penser : que les produits faits à la machine sont de moindre valeur que ceux faits à la main. Si on prolonge cette pensée, on doit en déduire qu'aujourd'hui nos concitoyens sont pauvres. Dans le passé, quand la production mécanisée était l'exception, ils étaient donc riches.

Voyez que la comparaison du présent avec le passé ne tient pas, parce qu'à la base on compare l'incomparable. Par le passé le moindre vêtement était une richesse. Le moindre vêtement avait une histoire, presque une vie propre. Chaque objet fait main, chaque pierre taillée à la main, avait une « âme », transmise par la personne qui l'avait façonné. De nos jours, c'est une évidence que l'objet qui sort de l'usine entièrement automatisée ne possède aucune âme. C'est une chose, dont il existe des centaines de milliers de répliques identiques.

Ah ! Je n'avais pas prévu ça, mais nous y voilà : au fait que la production manuelle est toujours une production d'objets – inanimés ou vivants – qui sont uniques. Ainsi, sur mon étal au marché, chaque légume qui vient de mon jardin est unique. Je ne « produis » jamais deux tomates identiques.

Mes amis lecteurs et amies lectrices, vous savez comme moi comment est la vie : elle est unique ! Génétiquement, chacun de nous est unique. Écologiquement, chaque endroit sur Terre est unique. Tout le contraire d'une usine où les variations interindividuelles sont strictement interdites !

Quelles sont les maladies du temps présent ? Ne sont-elles pas des maladies de perte d'identité ? De perte de ce qui fait notre individualité, notre personnalité ? Le cancer par exemple : c'est le corps qui mute, qui se transforme, qui crée en lui des « organes » qui ne sont plus lui-même. Et ces organes (les métastases) se multiplient et colonisent le corps, qui n'a pas le pouvoir d'empêcher leur prolifération. Le corps ne sait plus maintenir son identité. Quant aux maladies du cerveau, leur première conséquence est la dégradation de la personnalité. La mémoire est perdue, les opinions, les habitudes, les réflexes. C'est donc là une curieuse corrélation : plus nous nous entourons d'objets produits en grande quantités par des machines et plus nous mangeons de légumes, fruits et viandes standardisés, plus les maladies auto-immunes se répandent. Comme si, à force de côtoyer et d'ingérer des matières standardisées, calibrées, homogènes, invariantes, nous manquions de matière pour nous créer notre identité et pour maintenir la maintenir. Plus précisément : notre unicité. Le fait que chacun de nous soit unique.

Je fais le pari – que je suis certain de remporter – que nous ne connaissons pas encore tous les inconvénients de la production de masse mécanisée.

Aujourd'hui se combinent trois types d'effets : les effets d'un travail monotone sous-stimulant, les effets de la consommation de produits standardisés et les effets de la vie dans un environnement lui aussi standardisé (le plan de développement des villes et villages, zones pavillonnaires, routes, zones « artisanales », etc. est uniforme partout en France). Dans ce contexte, les individus en meilleure santé sont ceux qui n'ont pas de personnalité. Dans une société dont tous les aspects sont standardisés, seuls les clones peuvent vivre à l'aise. Oui, je crois que Darwin aurait dit cela s'il vivait aujourd'hui.

Pas les humains. Pas nous.

Notre humanité est fragile. Ce n'est pas seulement notre corps, comme nous commençons enfin à le comprendre et à prendre des mesures de protection, mais aussi notre mental. « L'âme meurt avant le corps », écrivait Lawrence d'Arabie. Notre âme, notre esprit, notre « je » pour le dire de façon laïque, nécessite une trentaine d'années pour se construire. Si tout ce temps est nécessaire pour parvenir à une certaine maturité, c'est la preuve que notre « je » est très fragile. Le « je » d'un chat se construit en deux ans tout au plus. Ce « je »-là est robuste (comme l'est le corps du chat).

L'avenir

Le progrès social ne s'arrête pas. Aujourd'hui en 2019 la population se tourne enfin massivement vers l'alimentation biologique. Enfin ! Soixante années après qu'il eut été démontré que la consommation exclusive de fruits et légumes pulvérisés de pesticides, et accompagnés d'additifs alimentaires chimiques, engendre cancers, neurodégenerescences et malformations congénitales. Il aura fallu soixante années pour qu'une vérité objective soit acceptée. Les corps sont sur le chemin de la rédemption.

Quant aux âmes, elles suivront le même chemin. L'idéologie de la machine omnipotente est toujours aussi puissante que lors de la révolution industrielle au 19e siècle. Elle culmine aujourd'hui avec les smartphones, le « tout-connecté via internet » et les lunettes de réalité virtuelle. Ou encore avec la voiture autonome. Ce sont des technologies à obsolescence programmée, que les industriels produisent au coût le plus bas possible et vendent sur toute la planète. Ces technologies, produites exclusivement par des robots (seule la conception est humaine), standardisent les pensées, les émotions, les sensibilités et la vie sociale, sur toute la planète. Et pour demain, les adorateurs de la machine nous prédisent l'intelligence artificielle et le trans-humain, l'homme « augmenté ».

Cette main-mise sur notre « âme » est dénoncée depuis longtemps déjà. Le mouvement est là, déjà : quand la machine nous sépare de nous-mêmes et de la Nature, des voix s'élèvent pour rappeler qui nous sommes et quelle est notre place dans la Nature. À mon modeste niveau, je ne fais que reprendre et transmettre le flambeau de la contestation, en rappelant que l'épanouissement personnel est notre seule et unique raison d'être. Sinon nous serions des animaux. Ou des plantes. Bref des êtres privés de langage et de créativité.

L'avenir humaniste se situe dans la juste mesure. Il ne faut pas s'interdire d'utiliser des machines ; il faut s'interdire de les utiliser n'importe comment et à tout bout de champ. Je crois que tout ce qui peut être fait manuellement sans effort excessif, doit l'être. L'utilisation des machines est à réserver à ce que la main ne peut pas manipuler et à ce que l'œil ne peut pas voir.

Et laisser à l'intelligence artificielle ce que nos pensées ne peuvent pas penser ? Ce que notre cerveau ne peut pas imaginer ? Les industriels bavent déjà d'envie à l'idée de pouvoir soumettre à leur bon vouloir la puissance d'une intelligence artificielle. Si l'intelligence artificielle advient dans notre société actuelle, avec son idéologie de la machine, avec son culte de l'argent, je crois qu'une nouvelle forme de résistance sera nécessaire pour préserver notre humanité de l'extinction pure et simple.

Mais si elle advient dans une société où nous aurons remis au centre l'épanouissement humain, et où l'argent et la machine ne seront plus des objets de culte, alors j'ai confiance que nous ne nous laisserons pas soumettre à l'intelligence artificielle. Parce que nous saurons qui nous sommes, parce que chacun de nous sera unique, nous ne voudrons pas déléguer notre vie à l'intelligence artificielle (comme aujourd'hui nous déléguons nos vies aux machines).

Pour agir dès aujourd'hui et préparer un futur radieux, c'est simple : il suffit de privilégier, d'encourager, de soutenir tous les métiers artisanaux, et il ne faut plus sacraliser les activités qui reposent sur les machines et les objets produits en masse. Et il faut se méfier des serpents, qui sont toutes ces entreprises qui sous couvert d'humanisme ne jurent que par la machine et la production de masse. Par exemple, toutes les entreprises qui proposent des « applications » sur smartphone pour résoudre tel ou tel problème, ne font que nous rendre plus dépendants aux smartphones. C'est en fait une fuite en avant technologique, avec un masque humaniste. Ainsi, certaines applications reçoivent les éloges du grand public parce qu'elles permettent aux gens de se rencontrer. Moi je vois que c'est une misère que notre société rende nécessaire d'utiliser une machine pour que les gens puissent se rencontrer. Je vois que les fondations psychologiques de l'humain sont en fait attaquées par ces machines puis remplacées par elles.

Jean-Marie Domenach avait dénoncé l'amorce d'un cercle vicieux : « la logique de l'individualisme conduit au conformisme passif, non pas à l'engagement militant ». Culte de la machine, culte de l'argent et individualisme se sont combinés pour former un cocktail anti-humaniste. Celui qui en boit trop oublie le prima de l'épanouissement personnel – ainsi que le respect de la Nature.

Donc je dis : soyons sobres. Soyons très sobres, pour ne pas perdre de vue ce qui est essentiel.

NOTRE PRÉSIDENT EST-IL UN INTELLECTUEL ?

Avril 2019

Parce que j'en suis un, à moitié, d'intellectuel, je vais ici vous livrer mon opinion sur le débat que notre président a eu avec une soixantaine d'intellectuels, en guise de dernier acte du grand débat national mis en branle par le dit mouvement des « gilets jaunes ».

Tout d'abord, ce débat montre que notre Président est intelligent au sens où il possède une vision très large du monde en même temps qu'une bonne connaissance de la spécificité de chaque discipline intellectuelle. À chaque intellectuel qui lui posait des questions, qui lui faisait des recommandations ou des reproches, il répondait avec des arguments adroitement agencés. Jamais ses réponses ne furent maladroites et toujours il répondit, quitte parfois à poser son opinion politique ou sa fonction de Président de la République en guise de justification ultime. On ne saurait le lui reprocher, car la politique a des exigences qui ne sont pas celles de la science. Et il l'exprimait sans langue de bois. Un autre président que lui se serait enfoncé dans l'embarras par manque de savoir, par manque d'intelligence, par manque d'intérêt pour les préoccupations des intellectuels. Un autre président aurait évité un tel échange avec des intellectuels.

Au moins pouvons-nous être rassurés sur ce point : avec ce président, la France ne risque pas la soumission à une idéologie simpliste, à un programme politique simpliste, qui serait un déni des facettes multiples de notre pays et lui ôterait sa force qui émerge justement de sa diversité. Notre Président pense large et profond, pense local et global, pense en processus graduels et en décisions ponctuelles.

Quoi que… Une de ses affirmations m'a fait douter de son intelligence.

Notre président a affirmé ceci : notre pays ne s'améliorera que s'il produit plus, pour qu'il y ait plus de richesses à répartir entre ses habitants. Ce qui contentera les gilets jaunes, qui travaillent sans pour autant gagner assez d'argent pour satisfaire leurs besoins essentiels du quotidien. C'est la théorie de l'abondance. Plus de richesses, donc plus de richesses à répartir.

Il a fait montre de tant de raffinement tout au long du débat, mais d'un coup il lance cette affirmation simpliste ! Cette théorie des années d'après guerre qui est en fait une idéologie : croire que le bien-être d'un pays repose sur la quantité de biens produits. Même quand le dit pays recèle déjà de tant de biens au point de gaspiller sans vergogne… Voyez nos décharges et déchetteries. Et notre Président brandit cette idéologie pour faire face à la réalité, la réalité des gilets jaunes mais aussi celle de l'écologie.

Et c'est là que je ne suis pas du tout d'accord. C'est là que je suis déçu. En bon intellectuel, notre président devrait savoir que les théories économiques ne sont pas des sciences. Ce sont des opinions, des prophéties, des créations de toute pièce. Ce sont des idées qui ne sont que paroles (idéologie). Pourtant il a martelé que sa politique doit prendre en compte la science, le fait, le concret, la preuve matérielle. Il se veut rationnel donc basé sur la science. La respectant. Donc il devrait utiliser les résultats livrés par toutes les études écologiques pour fonder son programme politique, au lieu de le fonder sur une « théorie » économique des années 1950. Il baserait sa politique sur l'écologie s'il était entièrement cohérent. L'écologie est une science, elle donne les faits; l'économie elle est un ... un pari. Le président prend pour vérité le pari économique et il considère les résultats des études écologiques sur la qualité de notre environnement, comme des variables d'ajustement. Un intellectuel ferait l'inverse : il poserait un pari sur la base des faits (des faits écologiques). Il concevrait une économie basée sur les tenants et les aboutissants des processus écologiques. Notre président fait le pari inverse : il fait le pari d'atteindre des résultats concrets en termes d'écologie (amoindrissement des effets du changement climatique, fin de la pollution chimique des terres agricoles et de l'air, fin de l'épidémie de cancer et de maladies neuro-dégénératives) sur la base d'une théorie économique.

Le sage ajuste ses opinions par rapport à la réalité ; notre président ajuste la réalité à ses opinions.

M'avez-vous compris ? Sinon relisez-moi (je ne le dirai à personne, sachez que moi aussi je relis les paragraphes que je trouve importants).

Notre Président tient en toute conscience les rênes du pouvoir. Il le dit, il le fait, ce qui n'est déjà pas si mal par rapport à son prédécesseur. Mais il risque par excès de confiance de ne pas reconnaître les situations où le pouvoir consiste à faire preuve d'humilité. Par exemple : dans le rapport à la nature et à la santé. N'est-ce pas justement dans ce rapport que ses prédécesseurs ont failli, par manque d'humilité depuis... depuis la révolution industrielle ? Depuis la troisième république on croit que la nature et la santé sont des variables d'ajustement par aux « lois » de l'économie. La reine économie.

Quant aux intellectuels qui ont participé au débat, certains étaient loin de la réalité, certains ressassaient des lieux communs, certains faisaient le lien entre leur discipline et l'état du pays, certains étaient dans le registre des valeurs, d'autres étaient dans le registre des faits. Certains amenaient dans le débat certains aspects de la France vue de pays étrangers. Très peu critiquèrent de façon négative la politique du Président. Il y eut de bonnes interventions, il y en eut de mauvaises. Des intéressantes, des ennuyeuses. La majorité des interventions ne m'a rien appris. Des interventions audacieuses ? Guère.

Trop d'audace ne sied pas à notre vieux pays… Passons.

Le constat qui faisait ce soir-là l'unanimité est que notre pays n'a plus d'idéal. Il semble coincé entre des trajectoires multiples. Entre libéralisme économique couplé au dumping social, transhumanisme, crise écologique, velléités chinoises et russes, islamisme, individualisme exacerbé par les réseaux sociaux sur internet, crise de l'Europe, le récit national du futur ne s'écrit pas. On a arrêté de l'écrire.

Notre Président est-il en train d'en écrire un nouveau ? Le veut-il ? Saurait-il où reprendre le récit, dont le dernier chapitre a été écrit par François Mitterrand avec l'inclusion du socialisme dans le libéralisme, une imposture depuis dévoilée.

Notre Président a confirmé la trajectoire de ses prédécesseurs : il faut produire plus. Ce qui vaut aveu. Il ne sera pas le rédacteur du nouveau chapitre du récit national.

Quid du futur ? J'en discutais avec une amie. Elle est convaincue que la génération montante va faire un grand changement. Cette génération, des adolescents aujourd'hui, grandit dans le doute que les adultes portent sur le devant de la scène. Je parle là des trajectoires précédentes. Ils baignent dans ces doutes qui s'expriment chaque jour sur internet et à la télévision, comme mes parents baignaient dans l'angoisse de la guerre froide. Nous savons que nous maltraitons la nature, ils le savent. Nous commençons à agir, ils continueront.

S'ils ne sombrent pas dans le matérialisme le plus crasse. S'ils arrivent à s'extirper du consumérisme. Si nous qui sommes leurs parents leur apprenons à lire et à réfléchir par eux-mêmes.

Notre génération née dans les années 1970-80 a-t-elle bien fait le diagnostic des destructions environnementales ? A-t-elle bien identifié les comportements destructeurs ? A-t-elle bien posé des bases théoriques larges et solides sur lesquelles construire ce futur meilleur où la nature sera respectée ? – ce à quoi j'espère contribuer avec mes livres sur l'agroécologie.

Un futur meilleur est possible. En dernier ressort, en dernier obstacle avant l'avènement de ce futur, je pense qu'il faudra extirper les raisons pour lesquelles l'être humain, souvent, accepte des conditions de vie misérables. Souvent il vit dans les détritus, les pollutions, avec les maladies, avec la laideur. Il ne pense pas à remédier à ces problèmes, qu'il ne voit pas, et il fanfaronne en chantant les louanges de telle ou telle prouesse technique où il glorifie le peu qu'il possède.

Un nouvel idéal de vie adviendra quand nous serons prêts à accepter, dans la joie, de rompre avec nos mauvaises habitudes.

La prise de conscience intellectuelle, seule, ne saurait suffire. La politique, seule, ne saurait suffire. L'économie, seule, n'en a pas les ressources. La technique, seule, ne produit rien. À chaque chose sa juste place, pour que l'humanité puisse faire de nouveau un grand pas.

« A small step for man, a big step for humanity »

Voilà un chantier pour un Président. Mais l'actuel semble préférer laisser une trace dans l'Histoire en parrainant le chantier de reconstruction de la cathédrale Notre Dame de Paris…

TOLÉRANCE ET RESPECT

Mai 2019

Le premier samedi de mai, je me rendais à Saint-Lô pour faire imprimer des prospectus. Or une fois rendu chez l'imprimeur, impossible de lire ma clé USB qui contenait le prospectus sous forme digitale. Elle ne fonctionnait plus. J'avais donc fait quarante kilomètres en voiture pour rien, rajoutant du CO_2 dans l'atmosphère qui en contient déjà assez et cela me donnait mauvaise conscience ! Pour ne pas avoir fait ce trajet en vain, je décidais d'aller au magasin informatique du centre-ville, acheter une nouvelle clé USB. Le magasin était fermé, un samedi matin, preuve que certains commerçants ferment le meilleur jour de la semaine. J'ai entendu que certains boulangers font ça aussi. Je ne comprends pas pourquoi. Ce n'est pas cohérent.

Je retournais à ma voiture en passant par le marché.

Là j'achetais des beignets à un restaurateur syrien. Parce qu'il est Syrien. Ça me plaît de ne pas manger français ce jour-là. Je lui dis que tout ce que je connais de la Syrie provient des Sept piliers de la sagesse de Laurence d'Arabie. Et que ça date un peu. Il sourit timidement.

Je dépose les victuailles dans la voiture puis je vais visiter la nouvelle bibliothèque publique. Elle a coûté fort cher et la France a déjà 2000 milliards de dettes. Ça va en faire encore plus. Encore une chose que je ne comprends pas dans notre bon pays. Si moi j'avais autant de dettes, en proportion, je ne ferais aucune dépense pour mes loisirs. Je ne pourrais pas. Mais quand on est une mairie, même si on n'a pas les moyens, on peut quand même…

À l'intérieur du bâtiment rénové de fond en comble — qui était en bon état auparavant — c'est moderne. On enregistre soi-même l'emprunt et le retour des livres. Il y a une salle de jeux pour enfants, mais salle n'est pas le mot qui convient : l'intérieur est d'un seul tenant. Quotidiens et presse, livres, cd de musique, ordinateurs pour surfer sur internet : tous ces espaces s'enchaînent avec fluidité. Il y a de la lumière qui entre par de nombreuses baies vitrées et à l'intérieur du bâtiment la lumière circule bien.

Je discute avec une connaissance puis je retourne à la voiture. Sur le trajet du retour je comprends pourquoi la lumière circule si bien dans cette bibliothèque : les étagères de livres ne comportent que trois rayons. Elles font environ un mètre cinquante de hauteur, c'est peu. C'est parce qu'il y a moitié moins de livres exposés qu'auparavant. Le temps où on circulait entre de hautes étagères croulant sous le poids des livres relatant le passé, ce temps-là est révolu aussi. Ça sent bon la modernité : le passé n'est plus visible à l'œil nu. Il faut choisir entre le passé, obscur, et la lumière. L'architecte a choisi la lumière.

Passez commande d'un livre peu emprunté ; une employée ira vous le chercher en réserve. Chaque année la réserve est épurée. Les livres les moins lus sont vendus sinon jetés. Il n'est pas nécessaire d'accumuler les savoirs. C'est le credo de la modernité. Il n'y a plus de classiques en rayon — mais moi-même j'en ai lu peu, alors j'ai un peu contribué à leur disparition.

Après cette réflexion sur la lumière du présent qui occulte le savoir du passé, toujours sur le trajet du retour, je repense au Syrien. Me suis-je comporté correctement avec lui ? Pas en termes de politesse mais en termes de … respect des différences culturelles. Acheter chez le Syrien ou, plus classiquement, chez le Chinois, le Polonais, l'Italien ou le Grecque, pour leur montrer qu'on les intègre à notre culture ? Était-ce ce que je venais de faire ? Mais ce n'est pas la même chose. Le Syrien est le dernier venu, les autres sont là depuis longtemps. Demain on ira chez le Syrien pour manger des krebbe comme aujourd'hui on va chez le Turc manger un döner kebab. Et hier on hésitait à aller chez le Turc mais on allait sans crainte chez l'Italien.

En fin de compte, les différences culturelles entre nous et les « anciens » étrangers ne nous intéressent plus. Comme à chaque époque c'est avec les « nouveaux » venus que le contact n'est pas spontané ou naturel. Aujourd'hui l'Algérien ou le Marocain ne font plus peur à personne. Les « noirs » continuent de garder une certaine aura de mystère, c'est ainsi, et on les accepte comme ça. On se sent toujours un peu mal à l'aise avec eux à cause de ce que nos ancêtres ont fait aux leurs. Les traiter comme des animaux et pire encore… Ceci explique cela, peut-être. Par respect. Une respectueuse distance ?

Dans la presse, les journalistes écrivent sans relâche sur la tolérance. Voilà un mot qui perd son sens si on n'explique pas comment le mettre en pratique. Tout comme le respect.

Moi qui ai suivi une formation en compétences interculturelles, et qui ai vécu dans cinq cultures différentes, je pense que le respect est ce qui prime. Et le respect, concrètement, c'est d'abord de la retenue. Éviter un regard excessif, éviter des questions insistantes, éviter des paroles exigeantes. Ou à l'inverse considérer l'étranger comme un enfant, comme un simple d'esprit. Il faut se retenir pour permettre à l'autre, qui nous est inconnu, de s'exprimer. Comment pourrions-nous le connaître, sinon ?

Il ne s'agit ni de nier sa différence, ni de nier notre inconfort face à lui. Cela vaut pour chaque côté.

Sur France Culture ce même samedi, le président de la commission des droits de l'homme exprimait sa crainte face à des suprémacistes blancs qui commettent des agressions racistes de plus en plus violentes, contre les gens « de couleur » et contre les juifs. Il expliquait que ces personnes racistes ont en commun une vision traditionnelle de la place de la femme, de la procréation, du partage des tâches, de la hiérarchie sociale, de l'occupation du territoire. Et il faisait le constat que la société se morcelle en communautés. Parce que les valeurs progressistes sont de moins en moins universelles — je rajoute.

Curieusement, en s'exprimant ainsi, lui-même ne faisait pas preuve de tolérance. Il ne montrait pas de respect. Il jugeait. Si j'avais été à sa place, j'aurais dit sur les ondes que ce qui importe, c'est que toutes ces communautés qui se forment, plus ou moins ouvertes, plus ou moins fantasmées, plus ou moins progressistes, reconnaissent que notre pays est un pays de liberté de choisir. La liberté de choisir est un droit. On ne peut empêcher une personne de vivre comme elle veut, avec d'autres qui partagent les mêmes idéaux, dans la mesure où elle ne cherche pas à imposer son mode de vie aux autres. Cela inclut ce que j'appelle le « modèle de société européen traditionnel ». Le communautarisme est un choix.

La modernité est caractérisée par le fait que ce modèle européen traditionnel n'est plus le seul disponible. Les suprémacistes blancs estiment que ce modèle doit redevenir l'unique modèle. D'autres moins fondamentalistes décident de le vivre en formant des communautés avec des règles internes qui complètent les lois sociales d'aujourd'hui. C'est apparemment le choix de la communauté représentée par « les brigands », un groupe de musique nationaliste. J'ignore quelle est leur influence réelle sur le reste de la population. Ils diffusent des idées qui vont à l'encontre de la tolérance et du respect. Ils veulent vivre entre eux. Bon. Qu'ils vivent entre eux.

Ah oui, ce qu'est la tolérance ? La tolérance, c'est accepter la différence. Dans la mesure où l'autre ne fait pas de prosélytisme. Les pauvres sont différents, et on les tolère très bien parce qu'ils ne font pas de prosélytisme. Les romanichels, on les tolère tout juste, car ils sont voyants avec leurs Mercedes, leurs caravanes énormes et leurs constructions sans permis de construire.

La tolérance tourne vite à la ségrégation, chacun vivant de son côté du mur et s'ignorant. Le voisin différent se transforme en étranger. Un étranger qui est né ici-même, dans le pays, dans le département, dans la commune.

Les humains ne vivent ensemble et ignorent leurs différences que s'ils œuvrent ensemble à un projet commun. Autrement, faire l'effort du respect et de la tolérance n'est pas rentable. Autant rester entre soi, c'est plus facile. Tout simplement ! C'est un trait de notre nature humaine. Personne ne peut vivre entouré en permanence d'inconnus.

Et personne ne peut vivre toute une vie sans rencontrer d'inconnus. Hormis les individus d'une société de clones.

Qui sommes-nous ? L'étranger peut nous aider à répondre à cette question existentielle. Ce n'est pas une question facile, d'autant plus que notre propre société peche par manque de cohérence. Par manque de raison. Cf les situations que j'ai décrites en début de texte : commerce fermé le samedi, bibliothèque construite avec de l'argent public qui n'existe pas. Pouvons-nous nous prétendre plus riches que les émigrés de pays en guerre ou miséreux ? Sommes-nous riches ? Oui nous débordons de biens matériels, mais nous vivons à crédit : c'est une richesse artificielle. Éphémère.

Le respect commence par soi-même, en toute raison. L'irrespect et l'intolérance que nous pointons du doigt avec dégoût, chez les suprémacistes blancs par exemple, ne les avons-nous pas nous-mêmes engendrés ? Car l'irrespect et l'intolérance ne proviennent que d'elles-mêmes. De même que nous avons une part de responsabilité dans l'émergence du fondamentalisme islamique.

Alors, pourquoi les étrangers derniers venus en France nous font-ils peur ? Parce qu'ils veulent nous envahir ? Numériquement, ce n'est pas un objectif atteignable. Et ils ne viennent pas par bateaux entiers me semble-t-il. Parce qu'ils veulent sinon remplacer notre culture par la leur ? Pour profiter de l'affaiblissement remarquable de notre culture fomenté par les partis socialiste et écologiste ? Parce qu'ils pensent que nous sommes en voie de dégénérescence ? C'est tiré par les cheveux comme objectif. Certes notre culture socio-judéo-chrétienne a du mou dans les voiles en ce moment. Mais c'est normal : une phase de doute et d'épuisement précède toujours une phase de renouveau, une phase de nouvel élan. Dont nous sommes capables : s'adapter au changement climatique et relocaliser les pans essentiels des économies sont les premiers pas sur un chemin dont l'objectif se dessinera au fur et à mesure de notre avancée.

Ces étrangers veulent-ils nous soumettre à l'Islam ? C'est vrai que l'Islam nous fait peur : une religion sans structure hiérarchique, qui missionne activement, des gens qui prient sept fois par jour, des enfants et des femmes qui apprennent par cœur le Coran, la polygamie, les femmes soumises, les types qui prêchent sans avoir fait aucune étude, autodéclarés imams. Tout ça, c'est louche pour nous. Ça ressemble à une secte. Une secte d'envergure mondiale qui a ses dévots : des fanatiques djihâdistes qui tuent, au nom de Dieu et de la « guerre sainte », ceux qui croient différemment ou qui ne croient pas (Ben Laden, Daech, Boko Aram, etc).

Bref : le nouveau venu est comme une tranche de pain frais sur laquelle on tartine épais toutes nos peurs.

Donc : le nouveau venu est aussi une construction de notre culture, avec ses peurs actuelles et ses désirs actuels. Le nouveau venu n'est pas que lui-même.

Le respecter, c'est le décharger de nos projections.

C'est facile quand on l'écrit et quand on le lit. Mais c'est difficile à faire. On va lui donner le RSA et le problème sera réglé.

Facile, mais démagogique. Démagogique donc amoral donc dégénéré. Oui, il y a bien de la dégénérescence en nous, dans notre vie en société de tous les jours. Notre devise nationale en est devenu une boutade et le trader à la bourse de Paris, Londres, Frankfurt et New York a pris la place du coq, emblème de la nation. Personne n'a remarqué le remplacement ! Le grand remplacement !

PS : si notre devise nationale a perdu sa signification, noyée sous les lois incohérentes et injustes, c'est parce qu'il lui manque une quatrième composante. En fait, je me demande si ça a été fait exprès. Si on a dès le début sciemment omis la quatrième composante. La devise est si impressionnante par elle-même qu'on n'imagine pas qu'elle ne puisse pas être absolue. On imagine qu'elle est un idéal vers lequel il faut tendre. Pourtant elle est inopérante, on le sait tous. Alors je demande : La liberté par rapport à quoi ? L'égalité par rapport à quoi ? La fraternité par rapport à quoi ?

Par rapport à la vérité.

Ajoutons l'impératif de la vérité et ça change tout. D'idéal lointain, voire démagogique, la devise devient un outil dans nos mains. Elle ne nous laisse plus l'excuse de ne pas savoir vers quoi tendre exactement.

Je dis ça comme ça, en passant.

Le carré symbolise la terre, le concret, le rationnel, l'action. Le triangle symbolisait l'œil de la providence (regard de bas en haut) ou le regard vers le haut. Assez regardé. Agissons.

LE TERRAIN DE TENNIS DÉLABRÉ

Juin 2019

À côté de mon grand jardin se trouve un terrain de football, un gymnase et un terrain de tennis. Ce dernier est en mauvais état. Depuis 2013, je n'ai vu qu'une personne l'entretenir, une seule fois, en y pulvérisant du pesticide et en balayant les gravillons hors du court à l'aide d'une souffleuse mécanique. Jusqu'à l'an dernier, le terrain était régulièrement utilisé par des joueurs, de tous niveaux. Mais cette année, je n'ai encore vu personne y jouer. Car qui peut avoir envie de faire du sport là ? Ça ne donne pas envie. Le revêtement vert et rouge part en morceaux (sous forme de nombreux gravillons passablement glissants). La bande blanche en haut du filet, qui sert à en visualiser la hauteur, pend lamentablement à deux endroits, détendue ou décousue. Le bas du filet vole au vent, il n'est plus tendu donc il ne stoppe plus les balles. Les lignes blanches au sol sont presque totalement effacées. Le court est enclos par un grillage d'environ trois mètres de hauteur, pour retenir les balles perdues. Mais certains poteaux métalliques qui le tiennent ont été tordus. Quant à la porte pour entrer sur le court, elle a été enlevée de ses gonds et pliée. J'ai vu des adolescents escalader le grillage comme des singes et le déformer — au risque de chuter de trois mètres de hauteur. J'en ai vu s'amuser à traîner puis appuyer la porte détachée sur le filet, pour monter et sauter dessus !

Bref, ce court de tennis a accueilli de nombreuses personnes, plus ou moins respectueuses du lieu et du matériel, certes, mais nombreuses. Et parmi elles aucune n'a montré la moindre volonté de prendre soin de ce lieu.

N'est-ce pas choquant ?

L'objet du présent texte est de développer quelques réflexions sociales à partir du constat de ce terrain de tennis délabré. Je me donne comme défi de ne pas tomber dans la morale simpliste.

Nous allons partir de la question évidente : pourquoi le terrain de tennis est-il délabré ?

En premier lieu, j'ai pensé que les joueurs de tennis étaient simplement fainéants. Surtout les joueurs réguliers : aucun n'est jamais venu avec un balai, au moins, pour écarter les gravillons ou les feuilles mortes.

Puis je me suis dit que les joueurs estiment qu'ils n'ont pas à faire ça. Alors qui ? La municipalité sans doute (« l'agglomération de communes » depuis). Je crois que cette supposition est typiquement française : c'est un espace public, donc c'est à la commune de s'en occuper. Parce que des impôts sont payés par le contribuable, et que ce terrain est public, le terrain doit être entretenu par la municipalité. C'est à ça que doivent servir les impôts.

Je suis prêt à parier cent euros que c'est la justification que les joueurs donneraient si on les interrogeait. Je paie des impôts donc c'est aux fonctionnaires d'entretenir l'espace publique. C'est une logique. Notez que c'est n'est pas celle qui m'est venue à l'esprit en premier…

L'impôt exonère l'utilisateur de devoir entretenir. La même logique explique que personne ne déblaye le trottoir devant chez soi quand il neige.

Est-ce que je me trompe ?

En Allemagne les gens déblaient la neige tombée sur le trottoir devant chez eux, et ils balayent même le trottoir et le caniveau en été. Mais que dit la loi dans chaque pays ? Cependant, en constatant ce que les Français ne font pas et ce que les Allemands font, spontanément j'en déduis que les Allemands ont le souci de prendre soin des espaces publics, et que les Français non.

Je suis intimement convaincu que le rapport à la loi seul n'explique pas les différences de comportement. Quid de l'état des terrains de tennis publiques en Allemagne ? Je ne peux comparer, car quand j'y vivais je n'ai vu aucun terrain publique. Par contre j'ai vu des lacs libres d'accès pour le public, gérés par des associations de pêcheurs, associations qui faisaient tout le travail d'entretien des berges. La municipalité se contentait de tondre les pelouses accueillant les baigneurs. Ces associations, de facto privées, œuvraient pour le bien commun. Pour le bien public.

Ici, je suis persuadé qu'aucun joueur de tennis ne balaie le court aussi pour des raisons de fainéantise et de honte. La fainéantise de l'homme moderne d'une part, qui veut tout, tout de suite, sans faire d'effort. D'autre part, la honte d'être vu en train de passer le balai ! De nettoyer le court — donc aussi les détritus jetés par les autres utilisateurs. Il faut de l'humilité pour faire ça, et il faut oser montrer cette humilité sur la place publique, en plus ! Ce simple acte de balayer irait contre la hiérarchie sociale : le nettoyage d'un espace public est dévolu au balayeur, donc au pauvre. Résumons. Qui balaierait le court de tennis avant d'y jouer passerait pour un pauvre. Or si on joue au tennis, c'est qu'on tend à vouloir montrer une bonne situation sociale.

Le golfeur ne se rabaisse pas à tondre le Green du golf...

Ces explications psycho-sociales de la fainéantise et de la honte ne sont certainement pas celles qui rendent le plus souvent compte du désintérêt des joueurs de tennis pour le court en question, j'en conviens. Plus simplement, ce sont l'absence de respect du bien commun et l'assomption que les employés municipaux en sont les responsables, qui expliquent en majorité le désintérêt.

Et j'ai envie de généraliser ce propos : je crois que sont là deux traits culturels des Français. Deux traits de caractère, vais-je jusqu'à affirmer. Le hasard n'est pas en cause; l'absence d'éducation au bien commun en est la cause. Il en résulte ces deux traits de caractère, absence de respect du bien commun et délégation de la responsabilité personnelle au fonctionnaire, que je résumerai en une seule expression : l'absence de sens commun. Le Français n'a pas le sens commun, au contraire de l'Allemand.

Et comme la vie fait bien les choses ! Pour « équiper » les Français du sens commun, il suffit de les y éduquer. Il suffirait. Il n'existe pas d'autre moyen. Sauf qu'on ne le veut pas.

Considérons à nouveau ce terrain délabré. Prenons du recul pour le regarder. Là, il n'y a plus seulement la propreté et l'apparence harmonieuse qui n'existent plus. Là, il n'y a plus, non plus, de sachant qui enseigne à un débutant, seul ou en cours de classe. Il n'y a plus d'amis qui font un simple ou un double après le travail. Il n'y a plus de parents qui jouent avec leur enfant, non plus que de couple qui se teste et essaie de vivre quelque chose ensemble. Il n'y a plus celui qui connaît le revêtement du sol du terrain de tennis, qui a décidé de sa matière, a supervisé sa construction et sait l'entretenir. Il n'y a plus celui qui connaît tous les types de filets, parce que tous les types de cordes, sait les installer et les réparer. Il n'y a plus l'ancien, le pionnier, qui avait convaincu la mairie, jadis, de construire ce court, et qui pouvait dire comment on jouait avant. Il n'y a plus le jeune qui imagine de nouvelles façons de jouer. Bref, ce terrain délabré, délaissé, est maintenant vide de toute vie en commun, parce qu'aucune des personnes qui y a joué au cours des six dernières années, n'avait le sens du commun. Chaque joueur a certes gagné du temps et s'est épargné quelque effort en délégant l'entretien de cet espace au fonctionnaire local. Mais en délégant ainsi, une vie commune n'a pas pu émerger.

Se pose alors une inévitable question : une association aurait-elle été plus apte à entretenir le terrain et en même temps à entretenir la vie commune, avec ses nombreuses facettes en lien avec ce sport ? Car il existe de nombreuses associations en France, où la vie en commun, la « société civile », prolifère, s'épanouit, bouillonne.

Vous connaissez comme moi les limites des associations : le nombre et l'engagement des adhérents et des bénévoles varient sans cesse. Elles ne sont pas un gage d'entretien, de perpétuation, de transmission. Une association est un peu comme un espace public : on y a des droits mais aussi des devoirs. Un droit pour un devoir, c'est le prix de la liberté. Et c'est trop cher payer pour la majorité d'entre nous. On ne veut que consommer, que profiter, que jouir, sans effort, sans contrainte, sans restriction. Égoïsme et fainéantise mènent à la terminaison des associations, par terminaison du sens commun. Le travail et la famille passent avant la vie commune en association. Je pense que si le terrain de tennis appartenait à une association, il serait néanmoins en meilleur état.

C'est la même chose pour les terrains de football : aucun joueur ne veut participer à leur entretien. On laisse ce travail pénible aux fonctionnaires locaux. Le loisir et le plaisir du sport ne doivent pas être contre-balancés par quoi que ce soit, estime le Français moyen.

Maintenant, quittons les terrains de sport, prenons de la hauteur, faisons comme si nous survolions un pays entier. Et toujours avec ces lunettes du sens commun, regardons ce pays. Quelles généralités voyons-nous ?

Le sens commun permet la vie commune qui permet les constructions communes. Le passage de l'individu au groupe s'opère par la construction commune. Sans contexte qui incite au travail commun ou à l'effort individuel pour le bien commun (ce qui revient au même), l'individu n'a plus conscience de la valeur de la vie commune. De la vie en société. De son pays. Il devient déraisonnable, en ce sens qu'il va attendre d'une institution — commune, département, région, état, etc — la garantie et l'entretien, le maintien, la permanence, de la société, société qui garantit ses droits à l'individu. « C'est la faute au maire, au préfet, au président ! » entend-on chaque jour. Alors que, dans l'absolu, chaque individu est responsable des maux de la société dont il est membre.

Voilà pour la morale et pour la théorie, vues de haut. Revenons au plancher des vaches. Concrètement, la difficulté est d'amener les joueurs de tennis au sens commun. Plus précisément, il faut les amener à faire leur devoir de participer à l'entretien de ce bien public qu'est le terrain de tennis. Qu'est-ce qu'un devoir? C'est une obligation. Et celui qui se refuse à remplir ses obligations doit logiquement être puni. Voilà donc un autre problème : comment amener des gens à accomplir leur devoir sans les obliger, sans les menacer de punition ?

Si on ouvre le cadre de notre pensée, on voit que cette question se pose depuis l'aube de la vie en société ! Chaque société, chaque époque, chaque continent, a produit des réponses : user de la ruse, de la force, du mensonge, de la promesse, de l'invocation transcendantale (pour plaire à un dieu, pour faciliter l'accès au paradis, etc), accorder de l'argent, accorder des privilèges, accorder un nouveau statut social, exempter d'impôt, donner des terres, des bâtiments, etc. Car personne ne fait d'effort pour le bien commun sans attendre quelque chose d'autre en retour que le bien commun. On en attend quelque chose pour soi-même. Donc paradoxalement, le travail en commun et pour le bien commun est rémunéré en éléments qui flattent l'individu. Le bien commun exige la flatterie de l'individualisme. Depuis toujours.

C'est très curieux.

Prolongeons encore. Voyez-vous où cela a mené notre bon pays ? Cela a mené à la multiplication des privilèges fiscaux, des niches fiscales, des cas particuliers de déclarations de revenus, des exonérations pour les minorités, de primes sociales, etc. Ce qui signifie : en individualisant au maximum l'impôt, l'état flatte au maximum chaque individu. Il flatte pour obtenir que chaque individu accomplisse volontairement ses devoirs pour le bien commun. Je crois que je peux en déduire une sorte de loi : que moins le sens commun est développé dans un pays, plus les impôts sont individualisés. Plus le sens commun est développé dans un pays, moins il y a de types d'impôts dans ce pays. Je prolonge encore : moins il y a de sens commun dans un pays, plus les lois sont nombreuses, et plus leur formulation est compliquée. Plus il y a de sens commun, plus les lois sont en nombre réduit et leur formulation parcimonieuse (parcimonieux : ce qui est simple, efficace et élégant). Ce qui n'est pas du tout le cas de la France, vous en conviendrez. Le gros problème de notre pays n'est pas celui des impôts innombrables et incompréhensibles ni celui des lois en quantité inimaginable, mais, simplement, celui du sens commun.

Dans le terrain de tennis délabré, que je vois chaque jour, à côté de mon jardin, c'est toute la France que je vois. Il n'y a pas de hasard.

L'an dernier, plutôt que de restaurer le terrain de tennis, une nouvelle aire de jeux a été construite. Une sorte de terrain de football / basketball sur gazon synthétique. Avec la mairie — pardon l'agglomération de communes — comme seule responsable. Les jeunes et les moins jeunes qui désormais jouent là, n'ont eu aucun effort à faire pour en profiter. Et parce que pour eux cette installation publique est comme tombée du ciel, les adolescents en mal d'expériences stimulantes la dégraderont bientôt. Exactement comme les générations précédentes d'adolescents ont fait avec le terrain de tennis.

Nous habitants des pays riches du Nord aimons dire que pour aider les habitants pauvres des pays du Sud, il faut non pas leur offrir des poissons à manger, mais leur apprendre à pêcher. Cette injonction est de bon ton. Qui dit ça en public passe pour un sage. Or à nos propres enfants nous offrons des jeux et des installations sans leur apprendre à développer leur sens commun. Sens commun avec lequel ils auraient la joie et la stimulation de construire eux-mêmes leurs aires de jeux et de sport !

De quelle responsabilité faisons-nous vraiment preuve envers nos enfants ? Nous-mêmes qui avons grandi sans qu'on nous inculque le sens commun, pouvons-nous le leur apprendre ? Avons-nous la capacité intellectuelle de les amener à reconnaître, développer et fructifier le sens commun ? Offrir un jouet tout prêt fait, offrir un amusement facile, une séance de cinéma, nous prive aussi, nous adultes, de la possibilité de leur accorder notre confiance. Nous leur donnons tout, déjà tout fait. Et c'est donc aussi la confiance, en plus du sens commun, que nous ne leur inculquons pas. Le parent qui, en donnant un jouet à construire à son enfant, lui témoigne la confiance qu'il a envers lui que, oui, il va pouvoir construire ce jouet. Qu'il va pouvoir relever ce petit défi. L'enfant perçoit cette confiance qu'on lui accorde.

Si les enfants ne voient pas d'adolescents qui, en développant leur sens commun, construisent ensemble des … cabanes, des véhicules, des jeux, que sais-je encore, les enfants eux-mêmes ne vont pas avoir envie de faire des choses à plusieurs. Et puis, est-ce que nous leur donnons l'imaginaire qui va avec ? Et l'enfant et l'adolescent ne vont pas se poser de questions quant à leur imagination, si nous leur offrons tout sur un plateau. Si nous leur offrons une maisonnette par exemple, au lieu de quelques outils et matériaux pour la réaliser ?

Confrontées à ce fossé qui semble insurmontable entre les désirs égoïstes de l'individu et le bien commun, certaines sociétés ont tenté de gommer l'individu. Le national-socialisme et le communisme par exemple. Dépossédé de son individualité, les humains devenaient comme les rouages d'une machine, in fine ils devenaient incapables d'effectuer quoi que ce soit tout seul. Sans recevoir d'ordre. Ils ne savaient même plus penser par eux-mêmes. Ils avaient incorporé comme réflexe de dénoncer voire tuer tout individu agissant ou pensant d'une façon autre que celle enseignée par le parti politique unique.

Une autre façon de combler le fossé a été proposée par Adam Smith : « dans un contexte de compétition, les ambitions personnelles servent le bien commun ». C'est le credo du capitalisme, qu'on appelle aussi pudiquement sociale démocratie. La compétition incite les individus à faire le maximum d'efforts pour être les premiers, en faisant des inventions notamment. Et ces inventions, du moins les plus plébiscitées pour leur aspect pratique, fonctionnel, durable, esthétique, etc, font évoluer la société. Ici n'est pas le lieu pour présenter les théories économiques de Smith et toutes celles qui en ont découlé, notamment la théorie de l'abondance, la théorie du ruissellement, la théorie du marché libre, la théorie du progrès social via le progrès matériel. Ici ce qu'il faut noter, c'est que Smith a introduit un seul élément, et cet élément a tout changé. Après Smith, les sociétés occidentales ont rompu avec toutes leurs formes précédentes d'organisation. Cet élément est « le contexte de compétition ».

C'est très curieux que Smith ait pensé qu'en faisant s'affronter les individus entre eux, un groupe, une société, un pays, se porterait mieux. C'est-à-dire aurait moins de malades, de pauvres, d'indigents, de malhonnêtes. On voit où cette pensée nous a menés : destruction généralisée de la Nature, destruction des savoir-faire manuels, destruction des traditions locales, destructions des communautés locales. L'équation de Smith est certes limpide et suffisante en elle-même. Elle est impressionnante de clarté et de concision. Mais in fine elle ne vaut rien. Pourquoi ? Parce qu'un de ses termes n'est pas défini. Vous voyez lequel ? Le bien commun.

Quelle est la nature qui puisse être un bien commun quand elle est ravagée voire éradiquée ? Si l'air, l'eau et la terre sont pollués. Si les arbres, les plantes et les animaux sont décimés ? Si les paysages sont arasés ? Si le climat n'est plus tempéré ? Ensuite, quel bien est-ce que des métiers où nos cinq sens, notre dextérité, notre capacité d'apprentissage et de perfectionnement, ne sont utiles ? Quel bien est-ce quand d'un bout à l'autre de la planète tout le monde mange pareil, se vêtit pareil, pense pareil, se divertit pareil, s'instruit pareil, se soigne pareil ? Car le contexte de compétition fait qu'il n'y a jamais qu'un seul gagnant. Tous les autres sont des perdants. Donc le contexte de compétition est un contexte de simplification drastique du monde. Quel bien commun est-ce, quand ce bien commun se résume à « un » ? À une seule chose. Ou à quelques-unes : faire un maximum de pognon, faire bouffer un maximum de sucre aux gens, faire passer les gens un maximum de temps devant un écran. Toutes les autres activités sont des perdantes. Le bien commun : il est réduit à une peau de chagrin.

À la rigueur, les trois termes de l'équation d'Adam Smith devraient être équilibrés. Individu, compétition, bien commun. Ce serait le rôle des gouvernements que de les maintenir équilibrés. Or nos gouvernements donnent la priorité au contexte de compétition d'abord. Puis à l'individu. Le bien commun est ... ce qui reste et qui ne se laisse pas facilement légiférer. Le transhumanisme commercial est à notre porte. Demain on modifiera son corps autant que les piécettes dans notre porte-monnaie (virtuel) nous le permettront. Afin de rester compétitif dans le monde présent.

Pitoyable humanité, n'est-ce pas ?

Je propose une autre équation : « Dans un contexte de collaboration, l'épanouissement personnel sert le bien commun ». Voilà qui me plaît bien plus ! Tout le contraire de l'équation de Smith. Cette nouvelle équation, que je ne suis certainement pas le premier à formuler, sous-tend les séries (des années 1990) Star Trek Next Génération et Voyager.

Mais pourquoi cette équation serait-elle meilleure ? Je crois que cette équation, ou toute autre équation qu'on pose pour relier l'individu au bien commun, repose sur le sens qu'on donne à la vie. Pour moi, le sens de notre vie s'accomplit quand on s'épanouit par l'utilisation et le perfectionnement de nos cinq sens, de notre dextérité, de notre sensibilité et de notre intellect. Si on ne s'utilise pas entièrement soi-même, pour ainsi dire, on rate sa vie. Imaginez que demain on crée un robot intelligent et qu'on le dote de la vue et de l'ouïe. Ou de capteurs de l'alignement des planètes ou que sais-je encore. Nous activons le robot et nous le laissons vivre sa vie. Puis nous revenons le voir un an plus tard et constatons qu'il n'utilise pas son sens de l'audition, par exemple. Alors nous lui dirions : « Si je t'ai créé avec des oreilles, c'est pour que tu les utilises, patate ! » C'est là une pensée dont Adam Smith était incapable, j'en ferai le pari. Michel Onfray me dirait qu'il suffit de chercher dans les correspondances et les biographies, pour savoir qui était réellement Adam Smith. Et de sa vie, on comprendra qu'il n'ait pas pu avoir d'autre conception de l'humanité que celle qui correspondait à son équation. Il a défini l'humanité pour qu'elle rentre dans son équation. Il était certainement un individu fermé sur soi, et non ouvert sur le monde, pour chercher à enfermer ainsi l'humanité…

Heureusement, aujourd'hui les théories de Smith et celles qui lui ont succédé sont largement critiquées ! L'éveil des consciences a démarré.

En guise de conclusion, je dirais que l'équation de Smith est un danger, mais un danger connu. Demain, d'autres pensées peuvent apparaître, dont on aura du mal à cerner les conséquences néfastes à moyen terme et surtout à long terme. Un danger potentiel est celui qui viendrait de personnes, d'entreprises ou de gouvernements qui voudraient, au lieu de poser une équation sur le lien individu / bien commun, carrément supprimer sinon modifier le couple individu / bien commun. Qui voudrait les redéfinir tous deux dans un seul et même mouvement intellectuel. Qui voudrait tout modifier au point que ce que nous appelons individu et bien commun ne soient plus discernables, au sens où nous les comprenons aujourd'hui (et ce depuis plusieurs millénaires). Une intelligence non humaine pourrait avoir cette volonté. Les « borgs » dans Star Trek par exemple. Et certaines intelligences humaines, bien de chez nous, pourraient avoir la volonté que ce genre d'intelligence prenne une position dominante sur Terre, aussi paradoxal que cela semble être … Les partisans du transhumanisme actuel, par exemple, pourraient souhaiter l'avènement d'une telle intelligence non-humaine, qui effacerait la distinction entre l'individu et la société. Les trans-humanistes voudraient « s'unir » à elle pour « transcender » leur humanité. Car l'humanité les répugne. Ce sont des avortons, ou des déviants mentaux, qui considèrent que notre corps humain n'a aucun potentiel d'épanouissement et qu'il faut au plus vite se débarrasser de cette enveloppe… Parce que l'humanité les répugne également, les dirigeants des plus grandes entreprises soutiendront aussi l'avènement de l'intelligence non humaine qui aura le pouvoir de réécrire l'humain, son individualité et sa vie sociale. Les dirigeants des grandes entreprises verront dans cette intelligence non humaine un nouveau « jouet » pour continuer d'asservir les peuples et les consciences, comme ils le font si bien aujourd'hui. D'ailleurs, ils se réjouissent de l'individualisme et de la perte du sens commun : c'est bon pour leurs affaires, car leurs mensonges et leurs fausses informations colonisent plus facilement les esprits de gens dépourvus de l'idée du bien commun.

Bref, les bourgeons de l'anti-humanité sont déjà là. Soyons assez sages pour les garder à l'œil.

Ce danger se concrétisera peut-être un jour. Et ce sera un nouveau défi pour notre humanité. Mais d'abord, voyons ce qu'on peut faire pour qu'il n'y ait plus de terrains de tennis délabrés en France.

DU VÊTEMENT

Juillet 2019

Essai de philosophie vestimentaire

« L'habit ne fait pas le moine ». C'est une maxime bien connue, que les lycéens à l'épreuve de philosophie du baccalauréat pourront développer en trois temps. I, thèse. Le vêtement ne détermine pas les caractéristiques propres à l'individu, sa vocation notamment. II, antithèse. Le vêtement peut avoir une ou des valeurs symboliques, vers lesquelles celui qui porte ledit vêtement va vouloir tendre. III, synthèse. Par exemple, le vêtement a une importance autant pour celui qui le porte que pour les autres qui le voient dans ce vêtement. Donc : le rôle social du vêtement.

La philosophie est, littéralement, l'amour de la sagesse. Une philosophie du vêtement est donc une recherche de ce qui, dans tous les usages qu'on peut faire des vêtements, est sage, et de ce qui n'est pas sage.

Vous avez bien lu : sage. Sagesse. C'est-à-dire tout ensemble adaptation, créativité, préservation de ce qui est bon, atténuation de ce qui est mal, préparation du futur, connaissance du passé, anticipation des problèmes, liberté, justice, respect, curiosité, soin de ce qui est fragile, transfiguration de la douleur.

Quels sont les vêtements qui correspondent à tout cela ?

Au contraire, ce qui n'est pas sagesse est plaisir dans la destruction, entraves, rabaissement, oubli, dédain du passé et du lendemain, souffrance, perte de l'essentiel, apparence sans fondement et sans substance, nombrilisme, fainéantise, nihilisme.

Quels sont les vêtements qui correspondent à tout cela ?

De prime abord, à ces vastes questions de quels vêtements signent le bien et quels signent le mal, j'ai envie de répondre que concrètement, on ne trouvera pas de réponse ! La diversité des importances qu'ont les vêtements pour chaque personne, la diversité des cultures vestimentaires et les variations vestimentaires selon les époques font qu'un vêtement est un jour et en un lieu acceptable, un autre jour et un autre lieu il est condamnable. La nudité, tout simplement, le plus simple appareil, est pour certains déviance, maladie mentale, perversion, exhibitionnisme, obsession sexuelle, concupiscence, éloignement de Dieu, pornographie, domination… Pour d'autres la nudité est humanisme authentique, ouverture d'esprit, respect du corps, égalité des êtres humains, esthétique naturelle… Qu'est-ce qui est mal ? De voir un nudiste sur une plage de nudiste ? Pour certains, les naturistes sont des détraqués. Des immoraux. Ou de voir sur une plage avec textile obligatoire, des adultes et des enfants dont l'anatomie des zones érogènes est à peine cachée par un bout de tissu très fin, mouillé et aussi petit que possible ? Ou bien de voir une femme musulmane très pieuse portant le voile intégral sur la plage ?

On peut considérer les vêtements sous un autre angle de vue que celui de la morale : la vocation du vêtement peut être esthétique, fonctionnelle, hiérarchique, rituelle. Le vêtement comme moyen, ou le vêtement comme fin en soi.

Mais à quoi bon ce remue-méninge à propos des vêtements ? Que peut-on écrire de neuf à ce propos ? Que peut-on penser de neuf ? Rien, je le crains.

Ah, est-ce que je vous déçois, cher lecteur, de terminer de cette façon et si promptement une réflexion ? Ce n'est pas dans mes habitudes, certes, mais pour une fois je m'accorde ce droit de reconnaître que mon cerveau s'est mis en branle pour rien ! Je le reconnais : une réflexion philosophique sur le vêtement est comme un coup d'épée dans l'eau : inutile, inefficient, inefficace, aucunement transcendantal.

À moins que …

J'ai écrit dans un précédent texte qu'une réflexion est toujours une recherche de la vérité. On réfléchit car … on espère trouver quelque idée, quelque concept, quelque théorie qui nous rende la réalité plus palpable, plus transparente, plus malléable, plus manipulable. Mais parfois cette recherche est vaine. Parce que la vérité n'appartient pas au monde extérieur, mais à notre monde intérieur. C'est ce qu'indique ce proverbe anglo-saxon mystérieux : « the truth is in the eye of the beholder ». La vérité est dans l'œil du seigneur. Ce proverbe date-t-il des temps reculés où on croyait que les yeux émettaient la lumière ? Théorie que les sciences physiques ont depuis longtemps invalidée. Je l'ignore, mais il signifie que la réponse, la vérité, est à chercher non dans le monde extérieur mais dans la personne même qui fait la recherche. Par exemple : cette robe est-elle belle ? Est-elle fonctionnelle ? Les réponses à ces questions ne se trouvent pas dans la robe, dans les fibres qui la composent, mais dans le jugement que moi je peux émettre. Bref : il n'y a de vérité que personnelle. Dans le cas des vêtements. La vérité est au fond de l'œil de celui qui regarde.

Toutefois, revenons à ce slogan anglo-saxon. On peut le comprendre aussi d'une autre façon : il invite à questionner non l'objet d'étude mais le questionneur lui-même. Dans notre cas, il nous invite à demander pourquoi poser des questions à propos des vêtements ? Imaginons un instant qu'une personne s'intéresse aux courses de camions. Elle va se poser toutes ces questions que j'ai posées à propos des vêtements. Rien de neuf sous le soleil. Non, quand on pose ce genre de questions, dont les réponses sont prévisiblement inintéressantes, ce qui est intéressant est de chercher à savoir pourquoi ces questions sont posées. Quelles sont les motivations du questionneur ?

Donc voilà qui vous intéressera, cher lecteur : pourquoi est-ce que je me pose des questions à propos des vêtements ? Car s'il n'y a rien à dire de neuf sur les vêtements, c'est qu'il y a en revanche à dire sur moi.

En effet ! Voyez-vous, une annonce banale, mais qui s'est reproduite plusieurs fois, m'a énervée. Ou attristée. C'est l'annonce, faite par des associations progressistes, de la « journée de la jupe ». La motivation de ces associations est fondée : étant donné que les femmes enseignantes et les élèves filles en collège et lycée se font harceler systématiquement par des garçons peu éduqués, il faut déconstruire le réflexe masculin de vouloir regarder sous les jupes. Et pour éduquer en ce sens, dans les collèges et les lycées, durant une journée tous les élèves masculins sont invités par ces associations à venir en jupe.

Bon. Des critiques se sont de multiples fois faites entendre sur les grands médias, notamment celle de tentative de « démasculinisation » des garçons lors de cette journée. Garçons qui aujourd'hui n'ont déjà plus trop d'occasions de laisser libre cours à leur testostérone, la guerre et la chasse au gibier avec une lance n'étant plus choses communes de nos jours. Ce serait en fait une opération de propagande socialo-bisounours, comme Paris en a le secret…

J'ai surtout été attristé par l'étroitesse d'esprit des organisateurs de cette journée. Pourquoi la jupe seulement ? Une telle journée devrait servir à relativiser tous les vêtements. En focalisant uniquement sur la volonté de faire porter des jupes aux garçons, les organisateurs ne sont-ils pas en fait manipulés par les lobbies LGBT ? La jupe n'est pas ce qui pose parfois problème dans les cours de récréation. Les filles l'ont remplacée par des shorts ultra-courts et des leggings ou des pantalons très moulants, ce qui sont d'autres façons d'exposer le corps. En comparaison, selon moi, les jupes sont souvent bien plus décentes que les leggings. Alors, après-demain ces associations organiseront-elles la journée du legging ? En invitant les hommes à venir en cours avec un legging ?

Avec un legging, c'est certain que les hommes ne peuvent plus de facto essayer de voir sous le legging, comme essayer de voir sous les jupes des filles. Et ils n'en ont plus besoin, car ce vêtement très moulant laisse deviner toutes les formes du corps ainsi que les sous-vêtements. Quand je vends au marché de Carentan, pourtant toute petite ville de campagne, je vois plein de postérieurs en legging, de 15 à 55 ans.

Intellectuellement, je constate que la France est coincée dans un triangle, entre d'un côté le classicisme vestimentaire bcbg, d'un autre côté le vêtement à connotation sexuelle (qui met explicitement en valeur les formes) et enfin d'un autre côté le désir LGBT d'inverser les vêtements masculin / féminin. Tout cela crée des tensions, « valeurs » versus « progrès ». Le vrai progrès, dans une société qui comme la nôtre se veut égalitaire, serait que chacun puisse s'habiller comme il le souhaite. Donc ce que j'observe, c'est en fait que chaque angle du triangle veut imposer sa conception à tout le monde.

Et en prenant un peu de recul, ne voit-on pas que tout cela n'est pas important ? Il ne s'agit que de vêtement. Mais si vous ne respectez pas les codes vestimentaires, pour aller à une soirée ou pour aller faire les courses, ou encore pour faire du sport, on vous prend pour un malade mental ou pour un provocateur. Preuve que le vêtement est important ! Preuve que les Français s'arrêtent aux apparences.

Ah l'impossible équation intellectuelle ! Le vêtement, qui n'est pas important car ce n'est qu'une étoffe pour couvrir le corps, est très important. Donc le vêtement met en échec la logique : ce qui n'est pas important est important. Au secours ! Le vêtement rend schizophrène.

Sans doute le vêtement est-il, bien plus que nous ne voulons l'admettre, un élément essentiel de notre identité ? Et de même nous ne voulons pas admettre que nous n'en avons pas le choix. Ce sont la société, la famille, les amis, qui nous habillent. S'habiller « différemment », c'est déplaire à la société, à la famille, aux amis. C'est refuser l'identité qu'ils nous ont apposée, qui est leur identité, donc c'est les refuser eux. Du moins les choquer, les contrarier, les faire douter d'eux-mêmes (éventuellement). Notre apparence ne nous appartient pas : l'homme s'habille de façon fonctionnelle, la femme de façon esthétique. Le costume trois pièces masculins, même en tissu chatoyant, demeure un costume avec épaulette d'origine militaire. C'est un uniforme. Un « vrai » homme doit porter l'uniforme : c'est le non-dit, tacite mais effectif. La femme doit être habillée avec élégance : idem.

Bref, comment conclure sur la liberté de l'habillage ? Vivons cachés pour vivre heureux ? Chez soi habit libre, dans l'espace publique habit normatif ? Faire une journée nationale de l'habit libre ?

ALITA L'A-HUMAINE

Juillet 2019

« Alita Battle Angel » — « Alita l'ange de combat », 2019, est le titre du dernier film du réalisateur James Cameron. Il est basé sur le manga Gunnm de Yukito Kishiro.

L'avant-dernier film de James Cameron, « Avatar », 2009, était une ode à l'humanité et à la Nature. Humanité et Nature étaient présentés comme inséparables et complémentaires dans leur épanouissement tant concret que spirituel.

Alita battle angel est tout le contraire : c'est une ode à l'anti-humanité. Plus exactement, l'humanité n'y fait pas l'objet d'une destruction systématique, mais elle est reléguée au second plan. Au premier plan, le réalisateur a mis la « vie » et les aventures du cyborg, une créature mécanique à forme humaine, dont seul le cerveau est humain.

Dotée d'un visage quasiment humain d'adolsecente, la cyborg Alita reproduit à merveille toutes les finesses de l'expression faciale ainsi que les nuances de la voix et les nuances de posture du corps. Avec ces traits et avec son apparence globale qui est celle d'une adolescente, ce cyborg suscite chez le spectateur du film la tendresse, la compassion, le désir de la protéger. Et l'amour — l'amour, émotion que la cyborg peut aussi éprouver. Elle est donc quasi-humaine.

Le scénario du film ne me gêne pas ; il est médiocre, simpliste, unidirectionnel, comme on pouvait s'y attendre pour un manga. Là n'est pas la question. Ce qui me gêne réside dans les non-dits du film, dans les évidences tacites, qui trahissent une philosophie de « l'a-humanité ».

Par inhumain on entend des comportements qui font honte à notre espèce, par exemple mettre l'argent au-dessus de tout, pratiquer la torture, célébrer la guerre, entretenir l'indigence et la misère, rire de la souffrance, avoir plaisir de la mort. On entend tous ces comportements qui vont dans la direction opposée de l'humanisme.

L'anti-humanité est, dans les romans, la volonté d'éradiquer l'espèce humaine.

Inhumain et anti-humain ne conviennent pas assez précisément pour caractériser ce film, qui est a-humain, « a » étant le préfixe privatif, le préfixe de l'absence, de la non-présence. Dans ce film, toutes les caractéristiques qui font notre humanité et que nous chérissons de nos jours, sont présentes sans nécessité. Et quand elles sont là, eh bien, les protagonistes du film doivent faire avec. Les protagonistes du film font avec, tant bien que mal ! Quand elles se font détruire, ou sont absentes, ce n'est pas grave. Ça ne gêne nullement les protagonistes. Le cours de la vie dans ce monde imaginaire — la terre en 2536 — n'en est pas gênée. A-humanité donc, ou encore contingence humaine, qui signifie que l'humanité peut être là tout comme elle peut ne pas y être. De la même façon qu'un arbre tombe durant une tempête et qu'il peut écraser une belle petite plante qui poussait en dessous, ou pas. L'une ou l'autre des situations advient, mais sans importance.

Qu'est-ce qui me choque dans ce film ? Ce sont tant de scènes où l'humain est tacitement optionnel, superflu, remplaçable... Je vais vous les présenter par ordre d'apparition dans le film.

1. Premières scènes avec le cyborg. L'expressivité faciale du cyborg est mal ajustée aux évènements. Elle est basique et exagérée : grand sourire, grande peur, grand mécontentement,

grande férocité, etc. Le cyborg se comporte ainsi comme un enfant. Il ignore toute nuance.

2. La vitesse d'apprentissage du cyborg : elle est très grande. À un seul échec succède la réussite totale. Elle apprend avec un seul échec à jouer au « rollerball » par exemple et à se battre. Les humains qui l'accompagnent ne sont pas gênés par ces prouesses et lui accordent leur amitié sans poser de question. Je vois ici une a-humanité énorme : d'une part le processus d'apprentissage est caricatural. Aucun être humain ne passe de l'ignorance au savoir en deux étapes seulement. Être humain consiste justement à accomplir un long parcours d'apprentissage (revoyez ne serait-ce que Karaté Kid). D'autre part, il n'y a pas de processus de connaissance de l'autre. On n'apprend plus à connaître l'autre. En deux secondes le cyborg est accepté. Il est immédiatement socialement intégré dans un groupe. Son passé est insignifiant, son mode de fonctionnement présent aussi : l'humain de 2536 accepte le cyborg sans poser de question. Quid de connaître le passé des gens que nous côtoyons ? Dans ce monde futur, voilà donc une considération tout à fait superflue.

3. Le cyborg est spontanément stimulé par une forme de compétition sportive très brutale. En voyant des images d'une telle compétition pour la première fois, la cyborg « ado » réagit comme un enfant (cris de joie, yeux écarquillés, sautillements). L'humain qui l'accompagne, qui est le docteur / technicien qui l'a réparée, ne s'étonne même pas de cette réaction excessive, alors que la cyborg a été activée il y a seulement une journée. Cette réaction de la cyborg est pathétique, car ce sport est l'équivalent du football d'aujourd'hui : tout le monde s'y intéresse. La cyborg exprime un mimétisme social fort. La question de pourquoi la cyborg éprouve cet engouement ne vient à l'esprit ni du docteur ni de la cyborg. Le message tacite est le suivant : il est inutile de questionner un comportement que tous les individus

ont. Il y a une mode, donc il est normal que tout le monde aime cette mode. Cyborgs inclus. Philosophiquement, on voit là une énorme amputation de notre esprit critique, n'est-ce pas ? Je précise que ce film, comme tous les films de James Cameron, sont les plus regardés au monde lors de leur sortie au cinéma. Notez bien que ce film n'a pas vocation à mettre en lumière tout ce qui est a-humain pour mieux le dénoncer, comme les fictions 1984, Gattaca ou Brasil. Non non, ce film entend clairement montrer un futur possible, imaginable, de l'humanité. Or il contient des évidences tacites qui ne sont pas questionnées. Elles sont posées comme cadre du scénario.

4. Assistant pour la première fois dans un stade à la compétition dudit sport, la cyborg jubile et crie de joie devant les prouesses sportives mais aussi devant les attaques entre eux des joueurs. C'est un sport de violence maximale où les joueurs, cyborgs ou humains augmentés mécaniquement, ont le droit de s'entre-tuer. Et quand cela se produit, la cyborg jubile. Notamment quand un joueur se fait trancher la tête. La foule aussi acclame la mort du joueur, ou de tout autre joueur qui se fait blesser ou amputer.

À ce stade du film, je me suis demandé si James Cameron n'a pas un problème mental. Car cette scène est une démonstration de jouissance par observation d'un acte de tuer. Et cette scène là, des millions d'enfants et d'adolescents l'ont regardée dans tous les cinémas, dans tous les pays du monde. Voyez cette humaine/cyborg au visage d'ange, si mignonne, sourire de joie comme une enfant innocente devant un magnifique cadeau surprise. Mais c'est l'écrabouillement ultra-violent des joueurs de roller-ball qui la fait sourire ainsi…

C'est banal pour les protagonistes, cyborgs comme humains, que de hurler de joie quand un concurrent se fait tuer. Cette scène est rendue d'autant plus acceptable dans le scénario que c'est la première fois que la cyborg peut exprimer totalement sa joie. Imaginez à nouveau la scène : une adolescente, toute mignonne, toute féminine, les yeux pleins de joie, sourit et crie de joie en voyant le corps d'un joueur être démembré devant elle. Mais quoi de plus normal ? nous enjoint à penser le réalisateur. Car cette scène est anodine dans le scénario. Elle ne constitue pas du tout un point stratégique pour le déroulement du scénario. Vous comprenez ? Ce film fait de la mort une joie et une banalité. Dans les films « sensés », même les films inhumains ou anti-humains, même les films atroces comme Full Metal Jacket, Apocalypse Now ou Alien, la mort revêt toujours une certaine importance pour le scénario. Elle n'est jamais anodine. Mais dans ce film a-humain, elle l'est. Elle n'a plus d'importance.

5. « Les deux vauriens, au fond ». Voilà ce que dit très sérieusement un humain à la cyborg, en indiquant deux cyborgs menaçants qui se tiennent derrière elle. Des vauriens : c'est un bel euphémisme ! Ces cyborgs sont des tueurs professionnels, équipés de « bras » qui tronçonnent, cisaillent, brûlent, enchaînent, transpercent. Pourquoi les désigner du nom de vaurien ? Est-ce une erreur de traduction de l'anglais vers le français ? Car ce nom sert usuellement à désigner des enfants mal élevés, qui font des bêtises plus ou moins graves. En l'utilisant pour des cyborgs conçus pour tuer, le réalisateur prouve là encore son intention d'en faire des humains normaux. Dans l'esprit du spectateur, ces cyborgs doivent, comme Alita, être considérés comme des humains. Ce sont des vauriens, tout comme les gamins qui fuguent. En fin de compte, ce n'est pas si grave de fuguer. Donc ce n'est pas si grave d'être une machine à tuer.

6. « J'ai tellement tué de gens comme toi, pour de l'argent ». C'est ce que dit un humain à la cyborg. Le message est uni-

voque : il faut considérer les cyborgs comme des humains. Ce sont des gens ! Pour convaincre le spectateur, le scénario use de la fibre émotionnelle : cet humain est amoureux de la cyborg, et la cyborg de lui. Or lui est humain, donc il ne saurait aimer une machine. Et elle, quoique cyborg, c'est-à-dire un cerveau dans un corps mécanique, peut l'aimer en retour. Donc elle est humaine, car les sentiments ne mentent pas. Admirable piège dont le spectateur est la victime : le sentiment est ce qui confère l'humanité. Les scènes et les plans sont, sans hasard, nombreux où la cyborg « pleure ». Ceci afin d'attendrir le spectateur et de détourner son attention de tout le vécu humain que les cyborgs ne peuvent pas exprimer (apprentissage, morale, respect de la mort, cf. supra).

7. — « Ma faute, tout est de ma faute !

— Non ne te sens jamais mal de ce que tu es. Tu es la seule bâtie pour ça. » C'est un extrait du dialogue entre la cyborg et le médecin / technicien qui l'a réparée. Il lui dit qu'elle n'a pas à s'excuser d'être une arme de guerre, car elle a été conçue pour ça. Bref, quand on est un cyborg, on a un destin et pas la peine d'en discuter ! Pas la peine de s'en sentir responsable.

La responsabilité : cette notion est inséparable de notre statut d'être humain. Qui dit responsabilité dit libre arbitre dit décision. La réflexion sur la responsabilité est inhérente à notre vie à tous, au niveau intime, au niveau social, au niveau environnemental. Cette réflexion nous met face à la morale (tuer, ne pas tuer) et à l'éthique (souffrir, faire souffrir, apaiser, ne pas faire souffrir). Responsabilité, morale, éthique : dans le monde transhumaniste du film, où une vie ne vaut rien, ces considérations aussi ne valent rien. Il n'y a que le rêve individuel, comme le dit un protagoniste.

8. La cyborg apprend du médecin / technicien que son cerveau a trois-cent ans, et que c'est un cerveau d'adolescente en parfaite santé. Ah… Les années passent, les cerveaux ne vieillissent plus mais apparemment les comportements aussi ne vieillissent plus. N'est-ce pas terrifiant ? Une cyborg qui est pour toujours une adolescente. Donc il n'est pas étonnant, il est même logique, que pour pouvoir vivre avec l'invariance de soi-même une fois devenu cyborg, il faille évacuer toute possibilité de réflexion philosophique sur sa propre vie. Le vieillissement caractérise notre vie humaine. De lui nous apprenons la valeur de notre vie et celle des autres. De lui nous apprenons à améliorer nos qualités et amoindrir nos défauts.

Alors, en effet, si on peut vivre éternellement — ce qui est le rêve ultime des trans-humanistes — on peut se passer d'introspection ! Mais trouvez-vous une telle vie désirable ? Si un chirurgien trans-humaniste vous proposait de vivre éternellement, mais sans plus jamais vous poser de question à propos de vous-même (car le temps n'ayant plus d'importance, l'évolution personnelle perd toute signification), accepteriez-vous ? Vous resteriez identique à vous-même, permanent. Super ? Moi, je crois que la vie est changement et conscience de soi. Alita la cyborg éprouve certes des émotions. Mais elle n'est qu'une machine à émotions. Qui peut rêver de devenir ainsi ?

9. Un humain se fait tuer par un cyborg. Agonisant, il manifeste à peine de la peur face à sa mort imminente. La cyborg lui coupe la tête, tête qui sera rebranchée sur un corps mécanique de cyborg — une procédure banale dans ce monde du futur. D'ailleurs, à son réveil l'humain ne regrette pas un instant son ancien corps. Il ne s'en étonne même pas.

De nos jours, nous chérissons tellement notre corps. Il est ce par quoi nous apprenons tout ! Notre corps est nous, il est ce que nous « avons » de plus précieux. Mais dans ce futur, le corps précieux est réduit au seul cerveau. Tout le reste est remplaçable. Modifiable. Il est évident que notre vie d'Homo sapiens se constitue pour et par l'apprentissage du mouvement corporel. Effectuer des gestes, les raffiner, les perfectionner : c'est toute notre vie. Notre enfance démarre ainsi, et toute notre vie durant nous avons la possibilité d'apprendre de nouveaux gestes et de raffiner toujours plus les gestes connus. Dans ce futur, un corps de cyborg bien construit et bien programmé remplace tout ça ! Vous voulez pouvoir sprinter ? Hop, on vous remplace vos jambes de chair et de sang par des jambes mécaniques conçues tout spécialement pour la vitesse. Philosophiquement, cela a d'immenses conséquences : la découverte du monde via le raffinement de nos cinq sens, année après année, n'a plus lieu d'être. De même, dans ce futur l'apprentissage des langues ne semble plus nécessaire. Je suppose que tous les protagonistes ont un implant cérébral qui suffit pour pouvoir parler toutes les langues (dans ce futur où toutes les ethnies, les communautés, les cultures, se côtoient). Bref, philosophiquement, c'est encore l'évolution avec l'âge qui n'existe plus. Qui perd toute signification. Donc c'est un pan énorme de l'humanité qui, dans ce film, est absent. Les maîtres en art martiaux ont disparu, remplacés par des cyborgs programmés pour la perfection martiale. Et notez encore une fois que ce n'est même pas l'objectif du scénario du film que de lancer les protagonistes à la recherche de cette humanité perdue ! Non, tout cela est tacite. C'est du non-dit. Les protagonistes n'ont aucun regret quant aux caractéristiques intrinsèquement humaines qu'ils ne possèdent plus. En fait ils n'ont même pas conscience d'être uniquement des « bouts » d'humains. Même les humains.

Et cela m'attriste, cela m'inquiète, car certes c'est une œuvre de fiction dont l'auteur peut imaginer en toute liberté la forme et le fond, mais quel spectateur remarquera cette absence d'humanité ? Cette absence de la possibilité de se perfectionner avec le temps qui passe. C'est là quelque chose de si fondamental qui est enlevé à l'humanité, que le spectateur n'imaginera même pas qu'on puisse l'enlever ! Et pourtant si, car son attention est captée par l'apparence quasi-humaine, hypnotique, de la cyborg, et le spectateur ne remarque donc pas cette absence. Je le crains. Un ado, un enfant, qui regarde ce film ne va pas remarquer cette « déviance ». En sortant du cinéma, il y aura dans la tête de cet enfant spectateur l'idée que perdre un bout de corps, c'est pas bien grave. Il y aura en lui ce sentiment que le corps n'est pas important.

Le film imprime à ses spectateurs des schémas émotionnels ontologiques. Le remplacement des schémas ontologiques traditionnels est le grand espoir des trans-humanistes.

Hélas, sur les réseaux sociaux d'internet d'aujourd'hui, cet aspect (d'évolution avec le temps qui passe) est déjà absent. Les jeunes d'aujourd'hui qui grandissent trop avec internet ne connaissent que l'instantanéité, que le moment présent. Ils croient l'apprentissage inutile ; lire « Wikipédia » ou visionner un « tutoriel » suffisent selon eux pour acquérir de nouveaux savoirs et savoir-faire. Le film de Cameron est donc l'aboutissement de ce processus de simplification, de dénégation progressive du temps à passer pour apprendre — donc pour devenir.

Triste film.

Voilà donc les scènes qui m'ont le plus choqué d'un point de vue philosophique.

Durant tout le film, les cyborgs sont les premiers protagonistes. Ils ne possèdent qu'un visage à apparence humaine. Mais pourquoi donc garder un visage, je me le demande ? Un visage de chair sur un « corps » d'acier, équipé d'instruments, d'outils, de roues, de pinces, c'est monstrueux. C'est extrêmement laid. Pourquoi Cameron a-t-il choisi de donner une face humaine à ces cyborgs ? Rien ne le justifie, si ce n'est la volonté de montrer au spectateur le cadavre de l'humanité. La volonté de faire tacitement passer ce message : « regardez, c'est ça l'humain de demain, et cet humain-là sera heureux, il modifiera volontairement son corps, jusqu'au point ultime, et il sera toujours humain ». Philosophiquement, ou psychiatriquement, n'est-ce pas là une déformation de ce qui fait l'essence de l'humanité : notre corps ? Cameron est-il un détestateur du corps, un de ces trans-humanistes de pacotille qui rêvent de transférer leur conscience dans un disque dur ? Pour pouvoir être mis par la suite dans n'importe quel type de corps, corps de robot mécanique ultra-puissant ou, comme Alita, petit corps fluide et sexy de jeune femme qui ne vieillira jamais ?

Ne perdons pas de vue qu'il s'agit à la base d'un manga, donc d'une histoire où la puérilité se libère de toutes les entraves. Où les délires et désirs des adolescents s'expriment sans retenue. Sans le « poids » du devenir adulte. Les phantasmes de toute-puissance abondent dans le film. D'ailleurs, pour quelle raison avoir choisi une cyborg à l'apparence de jeune fille ? Qui par ailleurs possède une force mécanique de titan et détruit des cyborgs qui sont dix fois plus massifs qu'elle... L'apparence d'un ange, comme l'indique le titre du film. Un ange qui a la force de frappe, la violence, le goût de tuer, d'un soldat boucher pervers. Ce mélange de beauté fragile adorable et de puissance destructrice semble ravir les adolescents japonais. Et Cameron. Qui croit bon de partager son enthousiasme avec tous les enfants et adolescents spectateurs de son film de par le monde entier.

À la toute fin du film, l'ange cyborg tueur au joli petit minois se fait acclamer par la foule, comme un héros, parvenu au sommet de la compétition de « rollerball » après avoir tué, détruit, découpé, écrasé de multiples concurrents. Quoi de plus normal, apparemment, en 2536, que la consécration de la capacité à tuer ?

Est-ce là encore l'humanité ? Je ne le crois pas. Pourtant c'est affublé d'un visage humain — quand par ailleurs ce visage seule trace d'humanité restante signifie tacitement que l'humanité est bien peu de choses.

Dans ce que j'écris ici, je restitue à vous lecteur certainement insuffisamment le sentiment d'humanité qui tout au long du film accompagne la cyborg. C'est l'apparence d'humanité de la cyborg qui confère au film tout son succès ! La précision des émotions exprimées, tout en image de synthèse mais d'un réalisme total, est indiscutable. Quand j'ai vu le film, la cyborg a éveillé et reçu toute mon empathie, je ne peux pas le nier. Cette cyborg, par son sourire et son comportement d'ange, en appelle à toute notre humanité. On la croit réelle. Alors même que le cadre du scénario est a-humain ! Bref ce film est une magnifique preuve du mot de Nietzsche : « le mal perdure parce qu'il porte le masque de la vertu ». Bref, ce film entend saper les bases de notre humanité. C'est là le projet caché du film, j'en suis persuadé. Les mangas, par définition, sont des essais d'exploration d'une humanité qui a perdu ses fondations. Et à trop diffuser ce genre de film, les enfants, les adolescents et les jeunes adultes s'habituent à vivre, comme les protagonistes des films, sans ces fondations. On en fait des « moins qu'humains ». Cette a-humanisation est en cours.

—

Un prochain texte pourrait avoir comme objet d'étude l'orchestration de la dégénérescence mentale par les médias et les autorités médicales, de la même façon qu'elles orchestrent la dégénérescence corporelle. Ces deux formes de dégénérescence sont des préludes favorables au trans-humanisme, rendant l'acceptation de celui-ci de moins en moins contestable. Le trans-humanisme, dans un contexte de dégénérescence, apparaît comme un remède possible pour « retrouver » ce qui a été perdu. Ou, plus vraisemblablement, ce qui a été perdu étant jugé superflu, les docteurs trans-humanistes proposeront de greffer dans les corps des appendices sensoriels et moteurs pour acquérir de nouvelles capacités. Un exemple de ce qui se perd est présenté dans le texte Peut-on communiquer ?

Finissons par l'interprétation d'une scène du film. Le garçon amoureux de la cyborg lui dit : « C'est un monde cruel. Ici les puissants traquent les faibles. Il faut se concentrer sur ses rêves ». Cette consigne est sage, à première vue, dans un monde où la vie n'a quasiment aucune valeur. En prenant un peu de recul, cette consigne sage devient la preuve qu'encore une autre valeur humaine essentielle a été perdue : le besoin et le désir de fraternité. Dans ce monde trans-humaniste, l'individualisme domine. Il n'y existe aucune institution publique, pour le bien commun, telles que des écoles, des hôpitaux et même la police. Pas d'institution judiciaire, évidemment. C'est le chacun pour soi. L'humain — ce qu'il en reste — ne peut plus fonder son identité dans les efforts personnels qu'il accomplit en tant que partie d'un tout pour le bien commun. Cette dimension-là de l'humain a disparu, au fur et à mesure que les progrès techniques pour la satisfaction des désirs individuels devenaient des évidences. Devenaient synonymes de bien-être, de capacités nouvelles, d'accès à l'emploi, de longévité, de santé…

Ai-je besoin de préciser que dans ce monde, imaginaire certes, tout effort d'intelligence est inexistant ? La réflexion est binaire, oui non, je veux je veux pas, c'est bien c'est mal.

Plus on nourrit les corps d'aliments frelatés et artificiels, plus les corps dégénèrent. De même plus on nourrit les intellects d'histoires où l'humanité a de moins en moins d'importance, plus les intellects dégénèrent. Même le film « Aliens », du même James Cameron, qui en son temps fut jugé comme un film d'horreur qui n'apporte aucune noblesse au septième art, mettait en scène une héroïne qui luttait pour préserver son humanité. Qui faisait preuve de courage et de dépassement de soi. Aliens était un film intellectuellement pauvre, mais il contenait tout de même cet honneur de l'humanité de lutter pour sa survie et de garder sa dignité. Dans Alita Battle Angel, l'humanité a perdu tout honneur ; il n'y a plus que des cyborgs qui suivent leur programmation, cerveaux biologiques sous tutelle mécanique.

Le trans-humanisme n'est pas apparu par hasard. Il est l'enfant de la démagogie. Le démagogue dit qu'il est interdit d'interdire, parce que certains « sont épris de liberté ». Il dit que toute morale est nécessairement une entrave à la liberté. Chacun doit avoir le droit et le pouvoir d'aller au bout de ses désirs. Au nom de quoi interdire à quelqu'un, par exemple, de se greffer une puce pour ouvrir automatiquement les portes du garage à son approche ? Et cette démagogie va main dans la main avec la démagogie des médecins, des médias, des politiciens qui rendent les corps et les esprits débiles en laissant toutes libertés à certaines entreprises multinationales. L'humanité responsable doit dévoiler toutes les attitudes démagogiques. C'est son devoir. Ce n'est pas facile, face à une population au corps malade, au cinq sens atrophiés, à l'intellect sous-stimulé. Mais il faut s'accrocher à ce devoir. Sinon à quoi bon vivre ? Pour être un jour un cyborg dont les joies et les peines seront programmées comme Alita ? Non merci !

Le dernier film de Luc Besson, « Anna », est centré sur une jeune et jolie femme, aux mensurations de mannequin de mode tout en étant dotée d'une force et d'une endurance à faire pâlir d'envie un soldat d'élite de la Légion Étrangère. Elle est tout à fait humaine, l'histoire se passant dans les années 1990. Anna est, comme Alita, insensible à toute forme de violence. Ce film, avec Alita, rejoint donc une longue liste de films où la beauté s'allie à la puissance pour donner la mort avec légèreté. Pourquoi ce genre de film a-t-il un tel succès ? Un succès auprès des jeunes hommes, précisons. Parce que les jeunes hommes, suppurant de testostérone, agressifs, mal dans leur corps, violents, rêvent de femmes qui sont physiquement tout le contraire d'eux-mêmes (belles et graciles) mais qui ont les mêmes pulsions et les mêmes œillères sur la vie qu'eux. Parce que si ce genre de femme existait, cela légitimerait leurs comportements — des comportements qui sont immatures.

Il m'est revenu à l'esprit que la ville, la « cité du métal », dans laquelle l'aventure d'Alita se déroule, est une ville-dépotoir. En son centre atterrissent les déchets de la ville flottante située au-dessus, à une centaine de mètres d'altitude. Et toutes les activités dans la ville-dépotoir sont strictement régies par les habitants de la ville flottante (afin que ceux d'en dessous satisfassent tous les besoins de ceux d'au-dessus). C'est une ville-dépotoir d'esclaves, où règne la misère. Paradoxalement, tous les habitants y sont heureux. Tous les visages filmés arborent le sourire et rayonnent de sérénité. Même ceux, cyborgs ou demi-cyborgs, qui se font dépecer par des voleurs de pièces. Car après tout, il suffit de mettre une pièce de remplacement et vous repartez comme « neuf » de chez le « docteur ». Si on vous vole un bras, ce n'est pas si grave. C'est donc là un autre élément de subversion du film : non seulement la vie a perdu son importance, non seulement l'humanité a perdu son humanité, mais même dans la misère l'humanité est heureuse. Que croyez-vous que ce contexte produise comme effet dans la tête des jeunes spectateurs de ce film ? Je crois que ce film, considérant le cumul de ses aspects subversifs, transmet un seul message : « Abandonnez dans la joie votre humanité ». La propagande du vingt-et-unième siècle ?

Une humanité morte qui croit qu'elle est encore vivante : voilà la juste morale qui résume tout le film. Cameron et l'auteur du manga trouvent cela jouissif. Glorieux même. Pour moi c'est au contraire un avertissement et une invitation à vivre ici et maintenant, pleinement, mon humanité. Une invitation à la développer toujours plus. Ce film montre que le trans-humanisme est une sottise. Il est hélas la preuve que certaines personnes, aujourd'hui et de tous temps, ne possèdent pas une humanité complète. Voire qu'ils leur manquent des pans essentiels de l'humanité. Comment expliquer autrement qu'elles se réjouissent de films comme Alita ? De même qu'hier on tournait beaucoup de films de guerre parce qu'une grande part de l'humanité aimait tuer. La banalisation... Aux États-Unis de nos jours l'autisme est banalisé. On répète que les autistes, surtout ceux de « haut niveau », sont des personnes comme tout le monde, car tout le monde est unique en soi. Or toute cette empathie envers les autistes est dangereuse. Les autistes ne doivent en aucun cas devenir une référence pour les comportements sociaux. Il ne faut pas les présenter comme des personnes attendrissantes et enviables — ce qui est fait hélas dans le film L'affaire Roman J. (2017). Il leur manque l'empathie justement, l'ouverture d'esprit, la souplesse d'esprit, la capacité à s'adapter. L'autisme est une maladie de civilisation dont les causes restent à trouver (dans la pollution chimique de l'alimentation par exemple). Elle touche, comme le cancer, comme Alzheimer et Parkinson, à notre définition. De même à la télévision, dans les émissions à forte audience les obèses sont sur-représentés, pour faire accepter au plus grand nombre qu'il est normal d'être obèse.

Tout cela relève de la glorification du corps malade. De l'humain à qui il manque une part de lui-même. C'est un courant de fond de notre société. C'est morbide. C'est tout à fait chrétien, dirait Michel Onfray. On glorifie la maladie, l'indigence, l'insignifiance du corps. Pourquoi ? Pourquoi ? Voilà ce que je voudrais demander à Michel Onfray.

LE MONDE BOUGEAIT

Août 2019

Il y avait Madeleine. Madeleine était une femme de famille et plus précisément une femme à enfant. Aussi loin que ses souvenirs remontaient, elle avait toujours aimé les enfants. Enfant, elle aimait tous les autres enfants. Elle était la petite sœur qui console et encourage son grand-frère, elle était la grande sœur qui surveille et qui joue avec le bébé de la voisine, elle était l'amie qui panse le garçon brutal de la classe. D'où viennent les enfants ? Elle s'était posé très tôt la question, à sept ou huit ans. Elle jouait avec des copines à habiller des poupées Barbie, et elle avait alors ressenti quelque chose de « faux ». Elle s'était levée et avait dit, à la manière d'une adulte, que les femmes ne peuvent pas passer leur temps à jouer et que c'était important de s'occuper des enfants, des vrais. Et de bien les faire ! Dès le début de l'adolescence, mue par cette question de l'enfantement, elle s'était mise à lire tous les livres de biologie qu'elle trouvait. Puis, insatisfaite par les seules explications sur le fonctionnement du corps, elle avait cherché et lu toutes les biographies de maternité et même tous les livres de pédiatrie. À seize ans, toujours insatisfaite, elle avait fait main basse sur toutes les biographies des femmes, pour comprendre l'importance qu'avait eu pour chacune d'elle, femme au foyer, exploratrice, mécanicienne, ministre, moniale même, le fait de donner la vie. À dix-huit ans vint la majorité et, en toute logique pour Madeleine, le moment d'avoir son premier enfant. En guise de papa, Madeleine qui était plutôt jolie fille et avait l'embarras du choix pour les hommes, avait jeté son dévolu sur un comptable de vingt-six ans, déjà bien établi dans sa profession et avec un revenu stable et élevé. Le plan de Madeleine était simple : faire quatre enfants de suite, un tous les ans. Quand le dernier irait à la maternelle, elle aurait vingt-cinq ans et, ayant fait ses études par correspondance, elle entamerait une formation de sage-femme. Car elle n'aurait jamais assez d'enfants autour d'elle : elle savait ça depuis qu'elle était petite. La vie de Madeleine fut en effet un long fleuve tranquille, illuminé de centaines de petites bouilles rieuses et gazouillantes de bébés, ainsi que de nombreuses vies d'enfants découvrant le monde, ses plaisirs et ses peines. Madeleine avait été une accompagnatrice formidable de la petite enfance. Et des parents, également. Pourtant, au soir de sa vie, à l'angle d'une rue en revenant de faire ses courses, Madeleine avait inopinément entendu la conversation de deux jeunes hommes, et cela l'avait bouleversée. L'un s'épanchait sur l'autre : « ... et elle ne pense qu'à ça. Ça me fout les boules. Pourquoi est-ce qu'elle ne veut pas profiter de la vie ? Tu rigoles, mais c'est vraiment ce que je pense : une pondeuse. Si si, je t'assure ! En fait elle attire les mecs, parce qu'elle est canon aussi, mais juste pour ça. Pour le reste, le bonhomme y sert à rien, d'après elle. Juste pour le fric et la maison. » L'autre avait répondu : « Ouais, y'en a des comme ça. De toute leur vie elles ne bougent pas. Elles ne pensent qu'aux bébés, aux petits mômes. Comme si elles-mêmes voulaient rester une môme. C'est cheulou. Reste pas avec elle. » Rentrée chez elle, Madeleine regarda ses enfants, ses petits enfants et leurs enfants à eux. Et bien oui, toute sa vie n'avait été que pour les enfants ! Tous les malheurs de la société, elle les avait portés, comme tout le monde, mais dans le seul but de donner la vie et d'accompagner tous les p'tits bouts de choux. Car les premières années de la vie n'avaient rien d'évident, rien de facile. Et ces deux jeunes qui n'avaient que du mépris pour sa dévotion ! Elle soupira. Mais s'ils avaient raison ? En effet, à part les enfants, elle ne connaissait rien du monde. Elle avait passé toute sa vie dans le même quartier de la même ville. À faire des enfants, à les faire grandir, à aider aux naissances, à faire grandir ceux des autres. N'avait-elle fait que pondre des enfants, comme une poule qui pond sans savoir comment ni pourquoi ? Elle, une vulgaire pondeuse ? Sa famille s'inquiéta de la voir si soudainement triste et fatiguée. Bientôt Madeleine se coucha et ne se releva plus. Son temps était fait. Elle considéra la vie, la vie qui en effet ne lui avait donné aucun autre centre d'intérêt que cette fichue marmaille. Les « chiards » — l'horrible mot — comme elle l'avait parfois entendu dans la bouche d'hommes distingués. Pourquoi ? Pourquoi n'avait-elle jamais fait un pas de côté, pour voir le monde différemment ? Mais il était trop tard pour chercher une réponse, maintenant. Madeleine mourut entourée des siens, paisiblement, aux derniers moments soignée comme elle-même avait tant soigné de petites vies fragiles. L'enfant était restée une enfant et était morte comme une enfant. Elle n'avait pas posé de question. À quoi bon ?

Il y avait Robert. Robert était chauffeur de poids lourds à la retraite. Mû par les habitudes, il continuait à se lever à six heures quinze du matin avec la voix du speaker de RTL. C'était même son bon vieux radio-réveil qui continuait à le réveiller. Il n'y avait rien de mieux que la radio pour se faire réveiller. Hélas, Micheline sa femme ne l'entendait pas de cette oreille. Cinq ans qu'ils faisaient chambre à part, parce que madame « voulait avoir les oreilles propres au réveil » ! Pas de bol pour lui, même à la retraite il ne se réveillait pas au côté de sa femme. Il était tous les jours à la maison, oui, mais cette ultime séparation lui indiquait qu'il restait ce qu'il avait toujours été : un gars qu'on utilise. Il était utile, c'est certain. Il avait réparé et rénové toute la maison, il entretenait le jardin chaque jour — quitte à faire chier les voisins en tronçonnant à sept heures du matin. Bon ça il le faisait que quand c'était nécessaire, mais passer le tracteur-tondeuse à midi et demi, c'était bien sûr pour les faire chier. Les voisins. Parce que lui, fallait pas le faire chier. À la mégère d'en face, il lui avait mis de la graisse de camion sur les poignées du portillon. Au nouveau voisin, il avait abattu son arbre dans la haie sans rien lui demander. Et à la mairie, il avait mis son poing sur la gueule du conseiller municipal, parce que cette raclure lui avait imposé de mettre sa fosse septique aux normes. Depuis qu'il avait fait ça, tout le monde le laissait tranquille. Il brûlait du bois, de la tonte même, il balançait ses eaux sales directement dans le fossé — ça schlinguait ! —, personne ne venait le faire chier. Lui il disait rien à personne, alors fallait pas qu'on vienne le faire chier. Chaque jour de la semaine, chaque semaine, chaque mois, bref tout le temps, Robert taillait de la haie, tondait, tronçonnait, ou bien meulait, sciait, bétonnait, raclait. Il était utile. Et efficace. Il pouvait tout faire. Un jour, fallait tronçonner trois grosses branches, à trois mètres de hauteur, parce que ça faisait de l'ombre à la pelouse. Il était monté sur l'escabeau et avait tronçonné ça à bout de bras ! Soixante ans, mais musclé le Robert ! Ah oui, il ne ménageait jamais sa peine pour que le jardin, la maison, la cour, tout ait toujours la même apparence. Fichues mauvaises herbes ! La cochonnerie qui pousse tout le temps. Et cette fiotte de voisin bio qui laisse tout pousser. De la cochonnerie qui poussait trop vite, ça lui amenait des graines chez lui c'est sur. Alors il les arrosait au « glypho », comme le font les agriculteurs. Il « traitait ». Et sur la terre du potager, foi de Robert, aucune mauvaise herbe ne poussait jamais. Même s'il ne cultivait pas, Robert retournait la terre au milieu de l'été comme au milieu de l'hiver, toujours propre, toujours nue, d'un marron uniforme. Parfois il faisait des tomates ou des pommes de terre, mais elles prenaient la maladie. Là, il savait pas quoi pulvériser. Et c'était pas grave, le supermarché était pas loin maintenant, avec la nouvelle autoroute. Acheter au maraîcher du village ? Robert n'avait jamais voulu. Dire bonjour, au revoir, comme chez le boucher, non ! C'était mieux de tout acheter d'un coup à l'hyper, et en en plus c'était pas cher. La bouffe bio : une grosse arnaque. Aujourd'hui, la qualité c'est pas cher. Comme au nouveau restaurant routier. C'était bon et pas cher au nouveau restaurant. Là il avait une fois surpris la conversation de deux personnes — qui avaient l'air d'être des homosexuels. Ils disaient que rien n'était frais ni local ni de saison. Ah les deux beaux cons ! Ils mangeaient, alors pourquoi est-ce qu'ils se plaignaient ? D'ailleurs, quand il y pensait, ça le faisait marrer. C'est évident que tu manges et que le corps sépare le mauvais du bon. Trop de gras, trop de sucre, trop de sel : le corps filtre et ce qui est mauvais repart dans la merde. C'est ça la merde : c'est ce que le corps a trié et rejeté. C'est vrai que son vieux pote Michel avait presque plus d'intestin. On avait dû tout lui enlever ou presque. Il ne pouvait plus que boire des pâtes ! Même le fromage fallait le liquéfier avant qu'il le mange, sinon ça bloquait dans ce qui restait de tuyaux et on devait le siphonner par derrière. Mais quand même, la médecine faisait de ces progrès ! Maintenant on vit jusqu'à cent-dix ans et plus. C'est grâce à la médecine, et pas à la bouffe bio ! Ah ces écolos, ils ont toujours été bons qu'à se plaindre tout le temps ! Robert aurait bien voulu dire tout ça à son vieux pote, mais il était à Baclès, la clinique des cancéreux, car il avait aussi chopé le cancer des os en plus du cancer des boyaux. Mais on le soignait bien, ils ne manquaient pas de matériel là-bas. C'était dommage qu'il parle plus non plus. Parce qu'avec la Micheline, il parlait plus beaucoup en fait. Elle, ses trucs c'étaient les habits et se faire bronzer. Et les enfants de Robert étaient grands maintenant. Ils menaient leur vie, ils ne venaient plus les voir. Ils auraient pu venir plus souvent, mais c'étaient des fêtards. Ils faisaient la fête autant comme autant. Ah la jeunesse. En fait, dans son jardin bien rangé, dans sa maison bien propre, dans son atelier efficace, vivait Robert. Et c'était tout. C'était le monde de Robert, et fallait pas le faire chier. Mais la séparation d'avec son chien, ça l'ennuyait quand même. Le véto était venu chercher Poupi. Son pelage était encore tout blanc et bouclé, mais il allait rendre l'âme cette nuit. Bon Dieu, à quoi qu'il allait servir maintenant, Robert ?

Il y avait Clémentine. Clémentine travaillait au cabinet d'assurance. Ce jour-là, il était dix heures et elle attendait encore le premier client du jour. Elle soupirait. Non pas que ses rentrées d'argent pouvaient pâtir de ce manque de client — le nombre de contrats annuels en cours était plus que satisfaisant — mais parce qu'elle était seule au bureau. Et c'était triste. Elle regarda pour la centième fois les bureaux d'à côté, vitrés, vides de collaborateurs et de clients. Quelque chose clochait, mais elle ne trouvait pas quoi. Étaient-ce les vitres ? Trop de vitres, trop de transparence ? Rien à cacher, car rien à montrer ? Rien à montrer, car rien. Oui, rien. En fin de compte, un cabinet d'assurance n'était que du vent. On n'y fabriquait rien, on ne réparait rien. On n'y créait aucun objet, on n'y inventait aucune idée. On se contentait de reformuler les textes de loi et le code de l'assurance, pour leur donner forme de contrat. Et, en échange d'argent, on faisait signer ces contrats aux « clients ». Le terme était abusif, car un véritable client a le choix, le choix d'acheter un produit ou non. Dans le cas des assurances, ce choix n'existait pas : la loi obligeait les « clients » à s'assurer. Première facilité du métier d'assureur : le législateur vous garantit la signature des contrats. Deuxième facilité du métier : l'assureur a toute liberté pour fixer le montant des contrats. Troisième facilité : les franchises. Ce sont tous ces dégâts dont les montants sont jugés « faibles » par l'assureur, donc non assurés. Ou en cas de dommage important, l'assureur réduit de sa compensation le montant de la franchise. Évidemment, la hauteur des franchises est calculée à l'aide des études statistiques, afin de couvrir la grande majorité des dommages. Si bien que l'assuré n'est assuré que pour les risques importants mais rares. Quatrième facilité : l'augmentation annuelle du montant des contrats, garantie aussi par le législateur. Facile… Clémentine soupira. Après tout, les citoyens avaient voté pour ces élus, qui décidaient de lois pour leur vider les poches. Tant pis pour eux. Mais un gargouillis électronique la tira de sa rêverie. Elle regarda son ordinateur : trois contrats « en ligne » venaient tout juste d'être signés, validés et même payés par ces trois nouveaux clients. Ah ! Que l'argent était facile à gagner de nos jours. Une luxueuse voiture noire entra alors sur le parking du cabinet. Un futur client ? Non, c'était un collaborateur, Frank. Il avait décidé de travailler de dix à seize heures ce jour-là, même si, selon le contrat de collaboration, un minimum de quatre heures journalières de travail était exigé. Les bénéfices faits lors de toute heure supplémentaire de travail allaient droit dans les poches des collaborateurs. Dans le cas de Frank, cet argent transitait assez rapidement dans les poches des concessionnaires d'automobiles de luxe. Son nouveau véhicule, neuf, n'avait que trois mois et déjà il réfléchissait au prochain. Ah, la vie était vraiment belle de nos jours. Il n'y avait pas de soucis à se faire. Quant à elle, Clémentine investissait dans l'immobilier. À quarante-trois ans, elle venait d'acheter son huitième appartement et sa troisième maison. Le tout était de standing, et bien loué, ce qui lui amenait une agréable rente. Des rires de gamins lui parvinrent. Sur le trottoir, des adolescents beuglaient. L'un deux, le plus futé certainement, se boucha une narine avec le pouce et vint expulser sa morve sur la vitrine du cabinet. L'autre rigola comme un débile, avant d'allumer les hauts-parleurs de son smartphone. Une voix de rappeur défoncé au cannabis parvint à Clémentine. Bon Dieu ! soupira-t-elle. Et dire que demain ces idiots seraient ses clients. La misère des petites villes de campagne. Il fallait faire avec. Quasiment tous des assistés. Clémentine se souvint que le montant du RSA et autres allocations dont ils étaient tributaires pour vivre avait été fixé pour permettre de souscrire à toutes les assurances obligatoires. Le législateur aurait pu directement donner l'argent aux assureurs, mais ce n'aurait pas été très « démocratique ». Avec ses collaborateurs, Clémentine moquait souvent la faiblesse intellectuelle du peuple, qui se laissait tondre comme des moutons. Onze heures. L'ordinateur gazouilla. Encore un contrat. Et encore une heure à attendre avant midi. Qu'allait-elle manger ce midi ? Iraient-ils au restaurant habituel ? Si oui, elle était convenablement habillée. S'ils allaient à « La Tour Écarlate », elle se changerait rapidement avant de partir. Son nouveau tailleur fait sur mesure lui conférerait la notoriété qui revient à son statut social. Sans aucun doute ils prendraient la limousine noire de Frank, qui ne manquait jamais d'impressionner leurs « concurrents », les banquiers, avec qui ils partageaient les meilleures adresses de restaurants. Ah oui, la vie était belle et douce pour Clémentine. Le plus dur était vraiment d'attendre les clients.

Il y avait Célestin. Célestin de Puits-Fremont, plus précisément. La particule de son nom y était pour quelque chose, évidemment. Aurait-il pu exercer un autre métier ? Devenir docteur, devenir juge ou avocat, devenir ingénieur. Possible, mais non. La dernière option avait été assez rapidement rayée par Célestin. Il la laissait volontiers aux cousins, nombreux et matérialistes. Les basses branches de la famille. À eux les calculs et le cambouis, à eux le stress de produire toujours plus avec toujours moins. Son père avait été médecin, réputé, respecté, connu de tous dans la ville et jusqu'aux frontières du département. Même à Paris son nom n'était pas entièrement inconnu. Célestin avait toujours su que son père avait atteint des sommets dans son art. Qu'il était allé aussi loin que possible dans la perfection de l'art médical et que lui, son fils, ne pouvait pas emprunter ce même chemin sous peine de le ternir par des actes certes bons, mais pas exceptionnels. Face à la perfection, tout ne peut être que médiocre. Un oncle était juge, mais son optimisme béat — son gauchisme béat comme pensait Célestin — lui avait fait douter de la noblesse de ce métier. Après tout, la justice était et demeurait soumise à l'idéologie dominante. Ayant compris cela, et constatant à quel point son père rassurait, calmait et soignait les gens par sa seule présence, par le ton de sa voix, par son regard calme mais dur comme l'acier signe du savoir ultime, Célestin s'était donc orienté vers la politique. L'art de parler aux gens, l'art de guider les gens. Le troupeau. Car noble est la tâche du berger. Célestin ne se sentait nullement supérieur aux autres : le berger est différent de la brebis, c'est tout. Il n'y a là aucun jugement de valeur. Aucune intention de hiérarchie, ni hiérarchie de savoir ni hiérarchie de pouvoir. Célestin avait donc fait son choix tout jeune adulte. Il lui avait été facile de rencontrer le maire de la ville, puis le député, le président du département et enfin le préfet. Tous ces braves hommes l'avaient chaleureusement accueilli, lui avaient montré les grands rouages de leur métier. Célestin avait trouvé sa place dans ce monde de salons feutrés et de réunions, et sa place l'attendait, oui, comme une évidence. Après avoir complété des études à « Sciences Po » — et survécu au gauchisme inhérent à cet établissement — il devint assistant parlementaire. Ces premières fonctions lui permirent de voir tous les mécanismes politiques en action. La défaite de son parti aux élections législatives fut l'occasion pour lui de rentrer au conseil d'administration d'une grande entreprise aujourd'hui internationale, dont le PDG était un vieil ami de son père, et ami proche de l'ancien député ainsi que du préfet. À ce stade, il lui fut proposé d'intégrer le cercle des « Architectes de

Demain », association philosophique et philanthropique qui réunit les hommes de bonnes mœurs et socialement responsables. Si l'association se parait de traits à la fois humanistes et mystérieux, et comportait quelques règles … intrigantes, ce qui avait le plus surpris Célestin était d'y trouver des hommes de tous bords politiques. Dans cette association, son mentor lui avait expliqué pourquoi et comment tous les partis se rejoignaient et, de là, comment il fallait exercer le pouvoir. Comment il fallait guider le troupeau. À Célestin il fut révélé que la politique, dans ses sommets, rejoint le mysticisme, le sacré, et que vice-versa il lui faudrait désormais, pour justifier ses actions politiques aux yeux du peuple, laissait supposer qu'elle était une œuvre sacrée. L'élu de la République était un être sacré. Les élections législatives se rapprochant, Célestin se présenta comme candidat avec le soutien de l'ancien député, lui aussi membre du cercle. Il fut élu et, en même temps qu'il se perfectionnait dans ses nouvelles fonctions, son mentor et les autres membres du cercle continuèrent à le guider dans l'acquisition des clés essentielles de la politique française. Désormais, Célestin comprenait que les connivences ne devaient jamais rien au hasard. Se regroupaient non seulement les élus de tous bords, mais aussi les journalistes, les éditeurs, les grands chefs d'entreprises de l'internet, de l'automobile, de la production électrique. Les magistrats et le corps médical étaient présents, les firmes agrochimiques aussi. Les assureurs et les banquiers évidemment. Le rôle de sa fonction lui était alors apparu dans toute sa clarté : user de ces connivences pour faire réussir ses projets politiques et, en retour, « contribuer » au maintien des connivences. Pour le bien de la France, d'abord et avant tout. Bon élève, Célestin accéda aux plus hauts grades de son association, qui était en fait une haute et longue échelle pour se hisser au-dessus de la masse. Voilà ce qu'il avait compris et mis en pratique : lui et les siens avaient le devoir de s'assurer mutuellement une liberté maximale. La liberté du berger n'était pas négociable ; le troupeau ne pouvait pas, même par son nombre, accaparer sans cesse le berger au point de ne plus lui laisser aucune vie. Le mouton était fait pour obéir. Depuis de nombreuses générations il était éduqué ainsi. Il suffit de lui dire ce qu'il veut entendre et de lui montrer ce qu'il veut voir, pour pouvoir ensuite le guider n'importe où. Célestin jubilait, car ce que le troupeau veut voir et veut entendre, n'est rien d'autre que les idéologies créées de toutes pièces, inventées à partir de rien, par les siens en règle générale deux décennies plus tôt. Le bon peuple croit que ses centres d'intérêt sont les siens, alors qu'ils résultent d'un patient formatage en provenance de tous les domaines représentés au sein du « cercle des Architectes de Demain ». Célestin se contentait donc d'appliquer les directives de ses mentors, et ses comptes en banque se remplissaient d'argent. Et même s'il perdait des élections ses « amis » lui retrouvaient toujours une fonction ici ou là. Et surtout, il pouvait continuer à vivre sans côtoyer le peuple, sans partager sa promiscuité, son indigence, ses illusions, sa pauvreté. Conscient de tous les rouages du système, la voix de Célestin produisait maintenant auprès de ce peuple les mêmes effets que celle de feu son père. Sa voix descendait sur le peuple comme l'averse nourrit la terre asséchée. Ses paroles étaient telles une lumière qui lève les doutes, qui donne la direction à suivre et qui motive avec force. Et, délice suprême pour Célestin, rien ne remontait du peuple vers lui, car le peuple était à dessein divisé, à dessein mal éduqué, à dessein mal nourri, pour qu'il ne lui vienne jamais à l'esprit des arguments rationnels de contestation. Il était et demeurait en haut, intouchable car intouchable — et pur — dans les têtes du troupeau. Quelle brebis eut jamais à se plaindre de son berger ? Bientôt, il serait ministre, lui Célestin de Puits-Fremont. Oui. D'ailleurs il attendait, ce jour-là, le coup de téléphone du tout nouveau premier ministre, fraîchement nommé par le tout aussi fraîchement élu Président de la République. Le téléphone allait sonner, son heure était venue, il allait être appelé et récompensé de ses nombreuses années en tant qu'instigateur et agent d'entretien de la fausse démocratie qui régissait la France depuis la mort du Général ! Oups, en tant que démocrate expérimenté et respectueux des institutions, voulait-il dire. Dans ses discours à la populace, plus il se référait au Général de Gaulle, plus sa cote montait. Il donnait à entendre, il donnait à voir, il faisait tout pour incarner l'ordre et la morale, la justice et la liberté, et avec ces mots le troupeau se laissait guider docilement. Ah ! Qu'il serait agréable de siéger aux conseils des ... mais ... quel était ce bruit ? Célestin quitta des yeux le téléphone qu'il attendait de voir sonner. Du bruit ? D'où cela venait-il ? On aurait dit ... des pierres qu'on traîne. Célestin se leva et regarda par la fenêtre de son bureau de député. Dehors, il faisait nuit, la rue était déserte. La permanence du député disposait d'un second bureau au deuxième étage. Il y monta, regarda encore dehors. Rien. Le bruit continuait. Comme des pierres qu'on traînait encore et encore. Régulièrement Célestin parvenait à entendre un raclement humide. Oui, comme de la boue, de la boue lourde et collante qui tomberait par terre. Splatch ! Puis le bruit de raclement de pierre reprenait. Le téléphone sonna ! Oh !Célestin descendit à toute vitesse dans la cage d'escalier, en prenant conscience que les bruits venaient du rez-de-chaussée. Pourtant ses collaborateurs étaient partis des dix-heures ce soir-là. Pas le temps d'aller voir, c'était certainement le premier ministre qui l'appelait. Un coup sourd résonna dans la permanence. Le rez-de-chaussée, la porte d'entrée ! On essayait d'entrer de force. Non, répondre au premier ministre d'abord ! Le téléphone. La France l'appelait ! Il décrocha. En effet, c'était Lui. Mais ces mots n'étaient pas ceux que Célestin attendaient. « Vous avez la télé ? Mettez la chaîne de votre région. » Il fallut quelques instants à Célestin pour comprendre. Sur l'écran allumé, il vit des journalistes qui filmaient en direct un groupe de gens. Des maçons ? Munis de cagoules jaunes, de gants et de truelles, ils montaient un mur en parpaings. Deux posaient les parpaings, et quand la rangée était finie, un troisième jetait et étalait du mortier entre et sur les parpaings. Mais où cela se passait-il ? L'image était en gros plan et le journaliste discutait torchons et cuillères avec une quatrième personne encagoulée. Le Premier Ministre enchaîna. « Vous comprenez, Célestin, que dans ces conditions il m'est impossible de vous nommer... » Célestin n'écoutait plus. Ses yeux étaient rivés sur l'image, qui dézoomait enfin et montrait ... l'entrée de sa permanence en train de se faire murer ! De se faire murer ! Un homme encagoulé posa le dernier parpaing et déclara au journaliste : « Il avait promis juré qu'il défendrait le pays contre cet accord CETA avec le Canada, qui ruine encore plus notre agriculture. Mais il a voté pour. Nous, les Français qui travaillons et trimons, on n'en veut plus de ces menteurs. De ces beaux parleurs. De ces pleutres ! Élus à vie et qui passent d'un fauteuil à un autre grâce à leur clique de copains. Tous pourris ! » Célestin était livide. Il s'effondra sur son fauteuil, dont il prit conscience de la douceur et du moelleux du cuir vachette pleine fleur. De la rue une voix forte, portée par un mégaphone, retentit dans tout le quartier et dans la permanence. « Tu nous entends, Fremont ducon ? T'es fini ! T'as voulu ouvrir grand les frontières ? Et bien maintenant tu peux partir ! On sait que t'as une baraque dans ton paradis fiscal de l'île Maurice, on t'y a filmé, avec tous tes potes du gouvernement. On a mis ça sur Facebook ! » Du téléphone, le premier ministre demanda « Célestin, vous avez entendu ? Votre sacrifice nous sauvera Célestin. Merci ». Le téléphone se tût. Une violente explosion secoua la permanence, les vitres volèrent en éclat. Célestin, à genou, osa regarder dehors : les encagoulés venaient de mettre le feu à sa nouvelle BMW. Les journalistes étaient maintenant nombreux. Ils filmaient la scène. Puis la lumière d'un projecteur l'éblouit. Un journaliste lui demanda son avis — il était sûr d'avoir déjà entendu cette voix. Où ? Sa voiture ! En flammes. Putain de moutons ! Le populo ! Ça y est, il se rappelait : c'était au Cercle. Putain de journaliste ! Un membre du cercle. Célestin se recroquevilla sous la fenêtre. Soudain un projectile lui passa à deux centimètres au-dessus de la tête et vint s'écraser sur son bureau. Du mortier ? Ils lui jetaient du mortier ? Il rampa jusqu'au bureau et se releva en s'y appuyant. Ses mains, sa chemise et son pantalon étaient collants de mortier. Non, ce n'était pas du mortier. C'était … de la merde ! Des bouses de vache. Mais qu'est-ce qu'il avait fait pour mériter ça ? N'avait-il pas toujours agi pour le bien de son pays ? Le mégaphone hurla : « Alors monsieur le député sénateur maire président de com'com élu régional chef de commission, vous nous avez pris pour des abrutis ? Des ignorants ? Mais on vous en veut pas. Non ! D'ailleurs on va vous donner une chance de nous éclairer encore une fois de vos lumières. Approchez à la fenêtre monsieur le député. C'est votre tribune, profitez-en. » Ah les cons, pensa Célestin. Ils me provoquent ! Ils veulent que je parle, en direct, couvert de merde ? Il gonfla sa poitrine à bloc. Je vais leur montrer, moi ! Je vais montrer à toute la France que leurs agissements de cette nuit sont une honte, un non-respect détestable de la démocratie et des institutions qui la font vivre. Oui, je vais faire d'eux de dangereux fous qui ne savent que détruire. Alors que la démocratie, c'est construire ! La France est la démocratie, la France est un pays qui construit son avenir, et non qui ravage comme ce soir. Va, lève-toi Célestin et parle, c'est la France qui t'attend. Célestin débordait de confiance. Il avait la légitimité — et la loi — pour lui. Et après ça, après le formidable retournement de situation qu'il allait opérer, il serait rappelé par le premier ministre. Oui, son destin ne saurait être entravé par ces encagoulés braillards. Célestin gonfla encore sa poitrine, leva les bras et s'approcha de la fenêtre. Les caméras filmaient. Ce moment resterait dans l'histoire comme une formidable leçon de politique. « Cher concitoyens... » et le cocktail Molotov attira en plein dans sa face. Le député s'embrasa instantanément. Un second cocktail le transforma en torche humaine. Le mégaphone amplifia les hurlements de joie qui venaient de la foule d'en bas. Célestin, en effet, répandait pour la dernière fois sa lumière sur le bon peuple de France. Dans la rue, une foule immense de gens avançait, souriante, joyeuse, portant banderoles et pancartes. On pouvait lire dessus « Circum 40, nouveau monde, réalité, futur, nouvelle France. Nous n'acceptons pas les résultats de l'élection. Circum 40^5 ! » Aussi tragique que puisse paraître le destin de Célestin, il était peut-être préférable pour lui d'avoir partagé le destin des saucisses de barbecue. Dans le nouveau monde qui était en train d'émerger, les gens comme lui qui ne savaient rien faire d'autre que d'écraser les gens pour se hisser, qui ne savaient rien faire de leurs mains, dont le cerveau ne fonctionnait que pour assurer leurs intérêts égoïstes, Célestin aurait été un cas social sans espoir. Oui, un monde nouveau était en train d'advenir, lors de ce grand soir.

Il y a avait Manon. Manon aimait par-dessus tout les gens. Les gens, tout simplement. Pour elle, chaque être humain était un miracle, une chose exceptionnelle, une émergence unique à un moment donné en un lieu donné, dans un univers d'espace et de temps infinis. Chaque être était un concentré d'amour, une machine à tout comprendre, des mains pour construire des mondes, un cœur pour résonner avec tout. Une bouche pour sourire au monde et pour pardonner à tous ceux qui se trompent. Chacun d'entre nous, selon elle, méritait d'être pré-

---

5 Cf. mon livre *Réflexions politiques*.

cieux aux yeux des autres, et chacun de nous devait accorder aux autres la même valeur qu'à sa propre vie. C'était non négociable. Ce qui faisait de Manon une idéaliste, une militante, une humaniste, une rêveuse, une égalitariste, pour certains, quand d'autres employaient des mots durs à son égard : « droit-de-l'hommiste, no-border, laïcarde, bobo gauchiste, fanatique, bisounours, destructrice des traditions, baisée-par-l'arc-en-ciel… » Manon n'y allait pas avec le dos de la cuillère, certes, contre les personnes qui osaient évoquer des « différences » pour justifier ici un permis de séjour refusé, là un travail non accordé, là encore une pratique religieuse. Pour elle, toutes ces protestations, ces justifications oiseuses, étaient nulles et non avenues. Car « c'était l'humain, tout l'humain, rien que l'humain » comme elle aimait à dire. Le sentiment d'être pareil, d'avoir des points communs, des besoins communs, des aspirations identiques pour la santé, l'éducation, la paix, la joie de vivre, écrasaient toutes les lois. Dès qu'un ministre, un député, un maire, une entreprise brandissait « l'obligation légale » pour interdire un comportement, une pratique, l'expression d'une opinion, un vêtement, un rituel, une coutume, Manon montait en première sur les plateaux de radio et de télévision pour fustiger les entraveurs de liberté, les néo-colonialistes, les néo-esclavagistes, les ultra-capitalistes, les vieux mâles blancs, les faux progressistes, les traditionalistes, les ennemis de la liberté, les peureux, les défenseurs des frontières, les haineux, les faux écologistes, l'extrême-droite, les cons. Elle avait beaucoup de supporters, et bien plus d'ennemis. Elle s'était même faite molester par des motards racistes d'extrême-droite, d'un groupuscule qui se dénommait « le poing de France ». Quelle aventure atroce c'avait été. Elle prenait alors quelques jours de repos à l'abbaye du Bec-Hellouin, pour se ressourcer. Un après-midi, elle avait temporairement quitté le lieu saint pour aller visiter les fameux jardins en permaculture du Bec. Elle avait adoré, et elle était restée discuter nature, petites bêtes et sens de la vie avec les jardiniers jusqu'à la tombée de la nuit. C'est en rentrant à pied à l'abbaye qu'elle avait été enlevée. Une camionnette s'était arrêtée sur la petite route et deux hommes casqués, un foulard recouvrant leur visage du nez au menton, très forts, l'avaient soulevée de terre comme une brindille et jetée dans le véhicule. Assommée par le choc, on l'avait tondue, déshabillée, à demi-ligotée puis introduite de force dans un costume et relâchée ainsi dans Paris. Elle avait marché deux heures durant, suppliant à travers son costume qu'on vienne l'aider. Mais tous les passants la fuyaient. Des policiers étaient accourus, mais pour la jeter violemment à terre, lui mettant un genou sur le visage pour la maintenir. Et comme ses ravisseurs l'avaient fait, ils la balancèrent aussi dans un fourgon. C'est dans un commissariat qu'on l'avait enfin extraite du costume et libérée de ses liens. Le costume était … un costume de Monsieur Bidochon ! Béret, charentaises aux pieds, bretelles et pull en laine, avec une pancarte cousue sur le torse : « espèce en voie de disparition ». Et sur le dos une autre : « ici allocations sociales gratuites ». Tous les passants qu'elle avait croisés avaient crû à une blague ou à une performance artistique. Les policiers eux avaient crû à une nouvelle forme d'attaque terroriste. Bien sur, sa triste déambulation dans Paris avait été filmée par des anonymes et mise en ligne sur internet. Heureusement, elle ne manquait pas d'amis. Sur France Info et France Inter, de nombreux reportages radio furent diffusés sur la recrudescence des actions commises par des « militants » d'extrême-droite, dont la dernière victime n'était autre que Manon, figure emblématique de la défense des droits de l'humain et de la nature. Manon, même si elle concédait qu'internet pouvait aussi faire circuler de mauvaises idées et inciter à la haine, voyait plus volontiers internet comme le réseau d'information en temps réel et sans censure, qui participait à faire de la terre un « village global ». Un village où les moindres actes de racisme et de tentatives de séparation des humains, de création de frontière, étaient mis en lumière et commentés dans tous les coins du village, les coins les plus connus comme ceux les plus reculés. Les agresseurs casqués de Manon avaient rapidement été retrouvés et purgeaient des peines de prison exemplaires. Mais ils n'étaient que les exécutants, les têtes pensantes n'avaient pas pu être identifiées. Manon et son avocat estimaient qu'il devait s'agir de gens haut placés dans le parti d'extrême-droite, qui se sentaient menacés par les prises de position humanistes et universalistes de Manon. Une fois le stress personnel et l'affolement médiatique retombés, Manon avait donc repris sa vie normale d'activiste pro-humain et anti-frontière, pour retrouver confiance en elle et pour continuer à gêner ceux qui avaient planifié son enlèvement et son humiliation. Malgré l'enlèvement, la première partie de son séjour au Bec-Hellouin l'avait beaucoup enthousiasmée. Manon y était donc retournée pour soutenir ces jardiniers qui aimaient tant la Nature et la biodiversité. Elle allait leur consacrer son prochain article de fond. Elle voulait transmettre au grand public ce message universel : que la biodiversité et l'humain étaient inséparables. Indissociables. Que ce qu'on faisait à l'un, on le faisait conséquemment à l'autre. Elle s'entretint donc longuement avec ces jardiniers. Tous étaient des « néo-ruraux », des gens qui avaient mené une vie normale de citadin, boulot-métro-dodo, qui avaient connu le travail industriel, certains avaient même fait des burn-out. Ils avaient un jour décidé de changer de vie, avaient fait une formation en agriculture biologique en Sologne, puis avaient atterri ici, heureux de pouvoir faire vivre ces grands jardins en permaculture. Jardins qui en plus étaient très productifs et très rentables. Oui, Manon avait compris que dans ces jardins, ce n'était pas seulement une nouvelle agriculture qui émergeait, c'était une nouvelle société. Une société de production locale pour une consommation locale. Cependant, ce « localisme » affiché, revendiqué, mettait Manon un peu mal à l'aise.

Que pensaient les jardiniers des importations de fruits et légumes ? Transport polluant, récoltes faites par des quasi-esclaves, inutilité car on pouvait tout produire ici. Il suffisait de se donner la peine de cultiver à nouveau toutes les variétés locales de légumes et de fruits. La France n'a théoriquement pas besoin d'importer de quoi se nourrir. Elle est théoriquement autonome. Pas besoin non plus d'exporter. Et les pays où sévissent les famines ? demanda Manon. Les causes sont guerrières et politiques, donc envoyer de la nourriture là-bas ne peut rien changer à la situation. En interdisant les exportations, chaque pays va réapprendre l'autonomie alimentaire. Donc la souveraineté alimentaire. Donc la responsabilité. À ces mots, Manon pris peur. Ces jardiniers au regard si doux, barbus, au chapeau de paille, pouvaient-ils vraiment vouloir un monde avec des frontières ? Il faut se défendre contre l'accord CETA avec le Canada, lâcha finalement un jardinier. Ouais, la terre de France doit être défendue. C'est la terre de nos ancêtres, en fin de compte. Ils nous l'ont léguée, on en prend soin, alors on peut pas permettre que sous prétexte que les frontières sont mauvaises pour le commerce, on importe de la bouffe médiocre et même dangereuse pour la santé en France. On va montrer les poings, et on va aller expliquer ça aux députés. En entendant ces paroles, Manon était affolée. Elle avait en fait en face d'elle des citadins à l'esprit d'ouverture mondiale, qui étaient devenus des bouseux adeptes de la fermeture sur soi ! En fin de compte, son article aurait pour sujet le nouveau visage du racisme renaissant à la campagne sur un fumier de conceptions nauséabondes sur la terre et les ancêtres, sous couvert d'agriculture de demain. Oui, décidément, pensa Manon, il n'y avait que la vie en ville qui permette de maintenir les esprits ouverts et volontaires pour accueillir toutes les cultures du monde. Toute la diversité humaine du monde. Elle ne se priva pas d'afficher une mine désapprobatrice suite aux paroles de ce jardinier. Et elle allait leur dire à quel point ils s'engageaient sur une mauvaise pente, quand un reflet attira son attention. La caisse sur laquelle était assise le jardinier reflétait maintenant les rayons du soleil. Mais ce qu'elle avait pris pour une caisse était en fait rond. Presque rond comme un ballon. Et le reflet venait d'un morceau de verre, qui semblait épouser la forme du ballon et qui y était attaché par une sorte de point de pivot. Comme … une visière. Une visière de casque de moto ! Les jardiniers se turent. Alors l'un d'eux se mit à rigoler sans retenue, puis dit aux autres : Cette fois, on la relâche devant l'EHESS avec un costume de Mussolini, avec écrit dessus « Il est interdit d'interdire. Liberté obligatoire ». Vous en pensez quoi les gars ? Plus bobo tu meurs ! Manon se leva précipitamment. La colère bouillonnait en elle. C'étaient ces néo-hippies velus qui avaient orchestré son enlèvement ? Ils cachaient bien leur jeu, sous leurs beaux discours et sous leurs jolis légumes bio, ces néo-païens. C'est d'ailleurs ce qu'elle leur hurla : « Vous êtes des putains de néo-païens ! Des nazis en fait ! Et vous passez sur toutes les télés, sur internet, pour dire comme c'est bien de manger bio. Mais vous êtes des putains de menteurs ! Et ça va se savoir, comptez sur moi ! » Les jardiniers avaient les yeux écarquillés. L'un d'eux voulut se lever, mais le casque sur lequel il était assis s'effondra et se cassa en mille morceaux gluants et oranges. « Merde, la citrouille m'a pété au cul. Et c'est quoi cette histoire de néo-païens ? Manon, le joint te réussit pas. Tu fais un mauvis trlp. Redonne moi le joint s'il-te-plaît. » Et dans sa main, en effet, Manon vit un cône d'herbe fumant. Oh la la… Le jardinier le prit et se frotta le derrière. « J'ai des graines de courges collées au fut les gars ! Ma copine va halluciner. Ça va Manon, t'es cool ? T'es revenue sur terre ? » Elle ne savait plus où se mettre. « Excusez-moi, j'ai lu Nietzsche hier soir, le mal, la vertu, le masque, vous savez… Vous êtes tellement… super, j'ai cru que ça cachait quelque chose d'opposé, d'horrible. Mais là, je sais plus où j'en suis. Vraiment. Est-ce que c'est vraiment bon pour l'humanité de manger local ? Je veux dire … il faut juste poser la question. Je… je devrais retourner à Paris. Au fait, vous saviez qu'aux élections municipales, dans deux semaines, c'est le parti écologiste qui est donné favori. Paris va devenir plus verte que la campagne ! Euh… on va cultiver sur les toits vous savez. Et sur des péniches. Les Parisiens vont produire eux-mêmes ce qu'ils mangent. Et les voitures vont être interdites. Euh… mais si, il faut y croire. Vous n'y croyez pas vous ? Le jardinier au cul orné de pépins de courge lui répondit en souriant : « Manon, reprend une taffe en fin de compte. Ça va t'aider à quitter bobo-land et revenir à la réalité. »

Il y avait Jean. Jean Streyman. Philosophe de profession. Cynique de profession. Philosophe populaire, précision importante, donc ou parce que honni des philosophes de la capitale qui ne lui reconnaissaient même pas ce titre, le titre de philosophe. Car Streyman n'écrivait pas pour des revues spécialisées de philosophie. Il n'enseignait pas à l'université. Il ne dirigeait aucune équipe de philosophes, il n'était le tuteur d'aucun étudiant en doctorat de philosophie. Et les gens biens de la capitale ne le reconnaissaient pas non plus comme un cynique, c'est-à-dire un héritier de Diogène, le philosophe de la Grèce antique qui vivait dans un tonneau et qui pour se nourrir disputait leur nourriture aux chiens. À vrai dire, Jean Streyman n'avait que faire de ces philosophes reconnus comme tels, qui faisaient la une des magazines et qui étaient invités sur les plateaux de télévision. Ils ne le reconnaissaient pas comme un des leurs, et alors ? Car eux, ne se reconnaissaient-ils pas d'abord entre eux ? Et uniquement entre eux ? Untel qui est élève de untel, philosophe en place et en vue, héritera de tel poste dans telle université, de telle direction de comité de lecture dans telle et telle revue. Si untel vient à déplaire à untel ? Ces philosophes le banniront de leur cercle : c'est la mort médiatique pour qui a déplu à ses pairs ! Pour qui les a trop questionnés. Les refus des éditeurs de le publier en seront la suite logique. Ce sera la chute dans l'anonymat. Jean Streyman pensait, mais n'osait l'écrire, que c'était un inceste conceptuel qui se pratiquait chez ces philosophes... Tout au contraire il était convaincu que la philosophie appartenait à tout le monde. Que tout le monde pouvait philosopher ! Même quand la misère réduisait une personne à presque rien, à disputer la nourriture aux chiens comme l'avait fait Diogène, la philosophie était toujours une porte ouverte. Une voie toujours accessible pour prendre du recul. Et plus encore : les drames et les misères de la vie rendaient la philosophie inéluctable. Inévitable. Car dans ces moments où il semble que la vie peut basculer dans le néant, la question du pourquoi ne manque jamais de surgir, qu'on le veuille ou non. Qu'elle nous soit familière ou non. Dans ces moments aux enjeux forts, le cerveau s'active et questionne les aspects fondamentaux de la vie. C'est un réflexe de survie. Quand les conditions matérielles nous entravent au point de faire de nous des prisonniers, dont le sort semble scellé, le cerveau, lui, demeure libre et cherche une issue. Entre le passé qui n'est plus et l'avenir morbide, le cerveau en appelle aux savoirs les plus essentiels, les plus universels, pour nous démontrer qu'une alternative est possible. Le cerveau philosophe. Il ne peut pas faire autrement. Alors oui, Jean était un cynique, car la philosophie cynique qu'il pratiquait partait de la matière, et revenait à la matière, de la nourriture du chien à la nourriture du chien en passant par l'Homme qui discerne ce qu'il est en son pouvoir de changer et accepte ce qu'il ne peut pas changer. Le cynisme, la philosophie la plus basse, donc la plus essentielle, donc celle sur laquelle on peut toujours s'appuyer, pour permettre à l'humain de faire un pas en dehors du trou dans lequel il est tombé. Les plus nobles sagesses philosophiques trouvent leur usage quand les conditions matérielles de vie sont les plus sombres. La philosophie cynique est toujours possible. Et toujours utile.

L'utilité : autre cheval de bataille de Jean pour défendre la philosophie. Elle n'est pas que jeux de mots et sophisme comme la pratique ces « princes philosophes » de la capitale, oh que non. Jean réprouvait cette philosophie de la lettre et du verbe qui ne sert qu'à remplir des livres qui remplissent des étagères qui remplissent des bibliothèques. Si l'être humain n'était qu'idées et esprit, alors oui, Jean approuverait la philosophie idéaliste, la philosophie qui ne trouve son sens que dans et par les mots. Mais étant faits de chair et d'os, d'eau et de graisse, à nous il nous faut une philosophie pareillement ancrée dans la matière. Dans le concret. Pareillement osseuse et charnelle. D'où son engagement : faire de la philosophie populaire. De la philosophie pour tout le monde, utile à tout le monde parce que utile. Parce que servant à faire face aux grands et aux petits problèmes de la vie. Une philosophie qui fait prendre du recul pour différencier le détail de l'essentiel, le fond de la forme, le général du particulier, l'immédiat du long terme, l'amitié de l'égoïsme, l'honnêteté de la démagogie, l'explication de la manipulation. C'est d'ailleurs ce dernier genre de différenciation qui avait créé à Jean beaucoup d'ennemis. Dans plusieurs livres, Jean avait mis en lumière les mécanismes de pseudo-philosophes et de pseudo-psychologues pour tromper leur public. Les volées de bois vert avait été nombreuses, et d'autant plus virulentes que le charlatan démasqué bronzait régulièrement sous les lumières des plateaux de télévision, invité perpétuel de ses amis journalistes membres du club « Le siècle ». Dans ses livres et ses conférences, accessibles à tout le monde, Jean démystifiait, Jean démasquait, Jean remettait en lumière ce que d'autres avaient intérêt à garder dans l'ombre. Dans les tiroirs oubliés de l'histoire. Dans les biographies qu'on ne ré-éditait plus. Ses conférences avaient beaucoup de succès ; elles étaient même retransmises en direct à la radio nationale. Mais un jour, Jean en avait eu marre. Malgré son succès, il avait arrêté de donner des conférences, lassé qu'il soit devenu de plus en plus difficile de trouver une salle pour accueillir son public. Car les « stars » de la philosophie et les faux philosophes, dont Jean ramenait la taille des travaux à leur grandeur réelle, avaient des connaissances nombreuses. Elles n'hésitaient pas à demander aux élus de la République, maires, députés, présidents de région ou de département, d'entraver Jean autant que possible. D'un coup, des salles publiques de conférence se trouvaient indisponibles, ou des stations de radio publique n'avaient plus le budget pour diffuser en direct les conférences. Des universités ne lui prêtaient plus leurs amphithéâtres. Jean avait joué des coudes plusieurs années durant, pour continuer coûte que coûte à s'affirmer dans l'espace publique. Pour continuer à proposer au plus grand nombre une philosophie utile et qui donne sens à toutes les situations de la vie. Pour proposer une vie philosophique. Mais il se faisait vieux et ces combats du quotidien le lassaient. Attristé mais résolu, ayant frôlé deux fois la mort par attaques cérébrale, il avait décidé de s'en tenir à ses livres, support intemporel et idéal pour continuer à enseigner les méthodes efficaces de la philosophie cynique. Et ce soir-là, un verre de whisky à la main, en attendant que démarre à la télévision son émission préférée de littérature — où il avait plusieurs fois pris le siège de l'invité d'honneur — il contemplait sa bibliothèque personnelle. Son regard s'arrêta longuement sur la section regroupant tous ses écrits, articles, livres, textes de conférences, allocutions, discours. Deux mètres de largeur sur trois mètres de hauteur : voilà quelle était sa contribution au savoir de l'humanité ! Il n'en était pas peu fier, lui le fils d'un ouvrier agricole et d'une femme de ménage. Il but le whisky et se resservit. Bien assis dans un vieux fauteuil en cuir, il contempla son œuvre en souriant. Il continua de boire le liquide puissant et parfumé de notes de tourbe par petites gorgées. Oui, la philosophie cynique était dure, dure comme ce whisky, mais ses promesses n'étaient jamais vaines. Pas comme ces philosophies de pacotille des plateaux télé, doucereuses, sucrées, pétillantes, qui font rigoler, qui font passer le temps, qui divertissent le spectateur. De la sagesse à deux sous ! Une fois l'emballage criard ouvert, on ne trouve rien dans cette philosophie. Mais ça se vend très bien. À leur propos, Jean aimait citer Montaigne : « Ceux qui sont fermes de la langue, mais mous du bras ». Et Jean leva son verre et dit : « À la vôtre, mes confrères lumineux ! Que l'obscurité soit toujours là, pour qu'on se satisfasse de vos lumières frelatées ! » Et il vida le verre.

C'est alors qu'un livre dégringola de l'étagère. De sa section. Il le ramassa, ne reconnut pas la couverture. « L'imposture du justicier » en était le titre. La quatrième de couv' : l'histoire d'un redresseur de torts, adulé dans sa jeunesse pour avoir mis en lumière une escroquerie littéraire. Mais où l'on découvre que ce n'était qu'un coup du hasard et que le « justicier » terminait sa vie en lançant des platitudes, en se prenant pour la référence de toutes choses et en se comportant comme ceux dont il avait jadis découvert l'imposture. Mince ! Mais qui avait pu glisser ce livre de pacotille dans sa bibliothèque ? Entre ses écrits ? Un ennemi à lui, venu dans son appartement lors du tournage de la dernière interview ? Non. Un cameraman mandaté par un ennemi, alors. Ou par un lecteur insatisfait. Peut-être. Ce n'était pas la première fois qu'on lui faisait un mauvais coup. À moins que ... Lui, on lui reprocherait d'être ce justicier-menteur de la philosophie ? Pensait-on que s'il savait démonter si bien les pseudo-philosophies, c'était parce qu'il était lui-même un pseudo-philosophe ? Non. Non, ce n'était pas possible qu'on en vienne à penser ainsi de lui. De toute son œuvre, qui s'étale sur plusieurs décennies. Non ! Il balança le bouquin par terre. Qui aurait osé émettre cette idée ? Qui d'entre ses ennemis était à ce point perfide ? Jean fut saisi d'une sueur froide devant cette menace. Il alluma la télévision. L'émission littéraire commençait. « Mesdames messieurs, ce soir une révélation fracassante. Le philosophe le plus populaire de France — l'animateur posa à dessein quelques secondes de silence — est en fait un imposteur ». Il continua à parler, mais Jean n'écoutait plus. Son téléphone fixe sonna, puis son téléphone portable professionnel. Puis son portable privé. Jean se sentit devenir un petit tas de quelque chose, au fond du fauteuil. Il se sentit devenir presque rien. Comme du vieux bois qui n'a plus d'autre choix que de devenir poussière. Puis rien. Il ne sentit plus rien.

Chaque coup nous blesse, le dernier nous tue : le sage romain qui avait écrit cela il y a plus de deux mille ans avait raison, pensa Jean. Des coups de glaive, toute sa vie durant. Il avait résisté, il avait pansé ses plaies et toujours il était retourné se battre. Mais ce coup-là était le dernier. Le champ de vision de Jean se rétrécit. Il ne contrôlait plus sa main ; le verre de whisky chut. Les sonneries des téléphones s'éloignèrent. Jean se sentit très fatigué. Très las. Et ce mal de tête qui démarrait. Très fort. D'une force insoupçonnée. Comme un très gros coup de soleil. Un gros coup de bambou. Une dernière pensée : « Quand nous sommes là, la mort n'y est pas. Quand la mort est là, nous n'y sommes plus ». Et Jean sombra dans le néant. Quelques instants après, un AVC l'emportait. Il l'emportait, quelque part, au paradis des philosophes peut-être, là où Diogène et Montaigne tenaient conciliabule sur ce qu'était une vie menée avec honneur et dignité.

—

Voilà racontées les points culminants de six vies. Six vies de personnes qui sont pour moi des personnages, ou pour le dire autrement des archétypes de personnes, qui structurent la société d'aujourd'hui. Ils ne sont pas les seuls à la structurer, évidemment, et j'aurais pu en adjoindre encore d'autres, du plus insignifiant au plus illustre, du plus aimable au plus détestable. J'ai voulu raconter leurs vies en montrant comment leurs vies se sont fermées sur elles-mêmes. Comment l'idée qu'ils se font d'une vie juste n'est jamais qu'une idée toute personnelle. Leur erreur à tous est … de se croire universel. De croire que la raison qu'ils possèdent est raison universelle.

Vous montrant ces personnes se démener avec leurs doutes, leurs peurs ou au contraire vous montrant ces personnes avancer dans le monde qu'elles ne voient qu'avec leurs yeux à elles seules, j'ai voulu illustrer un rêve que j'ai fait. Dans ce rêve, il y avait tracé sur le sol un très grand carré. Réparties de façon homogène sur tout ce carré, il y avait des personnes, toutes différentes et qui, toutes, bougeaient de façon un peu frénétique. Le monde bougeait. Le grand carré était divisé en petits carrés contigus, comme un plateau du jeu d'échec. Et chaque personne bougeait mais sans jamais sortir de son carré. J'ai alors compris dans le rêve (ou plutôt est-ce mon cerveau qui l'a décidé) que tous ces mouvements étaient en fait tous les mouvements de la vie de chaque jour de ces personnes. Je « voyais » la vie de toutes ces personnes résumée à leurs seuls mouvements. Toutes ces personnes représentaient toutes les professions et toutes les activités de ce monde. Puis je vis que les personnes certes bougeaient, mais leur corps se déplaçait aussi un peu verticalement (toujours dans les limites de leur « case »). Il me semblait que les personnes auraient bien voulu se déplacer plus, sur le plan horizontal, mais elles semblaient retenues par quelque chose. Alors je vis, derrière leur dos à chacune, un grand poteau auquel elles étaient en fait attachées par des liens. Elles gardaient toujours un peu de souplesse pour faire quelques mouvements, mais toujours leur inertie les ramenait le dos au poteau. Dans le rêve, tous ces mouvements se passaient en accéléré, de sorte que je voyais toutes ces vies se dérouler entièrement devant moi. Des petits mouvements, bien petits, alors que chacune de ces personnes devait les croire gigantesques, considérables, maximaux. Je compris enfin que le poteau était le destin de chacune. Aucune personne ne pouvait s'éloigner de son destin. Et en fin de compte, toutes ces personnes ressemblaient à des marionnettes, jouissant d'une liberté qu'elles croyaient leur alors que leur sort était scellé du berceau à la tombe.

Mes rêves, en général, me montrent ce que je veux voir. Rien de plus. Rien de métaphysique. Ces temps-ci, il me semble que nous n'avons pas de libre-arbitre. Que les grandes décisions de notre vie ne nous appartiennent pas, car nous ne voulons faire que ce que nous aimons. Pourquoi untel aime faire du vélo ? Untel faire de la peinture ? Untel diriger les autres ? Untel accumuler des richesses ? Untel ne penser qu'à sa place dans la hiérarchie sociale ? Sans se soucier du malheur infligé aux autres. Sans jamais se mettre à la place des autres. Ce qu'on aime faire est ce qui s'est gravé dans notre « tendre cervelle » d'enfant (comme l'écrivait Montaigne). Bref nous n'avons pas eu le choix de ces gravures cérébrales. Donc : le destin. Chacun n'ayant pas le loisir d'être autrement que tel que le destin l'a constitué, le monde ne bouge pas au hasard. Le monde marche, c'est la somme des destins qui le fait avancer. Vers quelle direction ? En tout cas une direction qu'aucun homme n'est en mesure d'influencer, tout homme ne faisant ni plus ni moins que ce que son destin lui dicte. Ainsi, si je veux voir le monde en termes de destin, je le peux. Et je peux trouver tous les arguments et toutes les analogies pour justifier cette vision. Vision qui est sûrement vraie. Vraie mais non complète, non totale. Il est évident que le destin n'est qu'un aspect de la vie. Ce n'est même pas une façon de voir la vie, des lunettes, un filtre. C'est un aspect de la vie. Il existe certainement d'autres aspects de la vie qui sont de même ampleur, de même poids, que le destin. L'amour, la haine, notre biologie humaine : ces aspects-là sont encore de moindre ampleur. Alors lesquels ? me demandez-vous. Qu'est-ce qui peut être équivalent au destin ? Ah ça, je ne sais pas ! Un jour peut-être le saurai-je.

Si c'est mon destin de le savoir.

LA PROCHAINE GUERRE

Avril 2019

– Exercice de prospective militaire –

Une des pires inventions de l'homme

C'est un fait que nous admettons tous : que la guerre est une des pires inventions de l'Homme. La guerre est une forme d'autodestruction dans laquelle certains individus ou groupes d'individus s'astreignent à fomenter et à faire la guerre. Il s'agit de tuer ou de soumettre. Les autres individus et groupes ciblés s'astreignent à se protéger et à cultiver la paix. D'autres groupes encore se plaisent à riposter avec autant de violence à ceux qui ont initié la guerre ; s'ils ne déclenchent pas la guerre, ils la pratiquent néanmoins avec ferveur.

Temps tragique que celui de la guerre, rempli des morts des innocents, des faibles, des malchanceux mais aussi des vaillants et des génies. La guerre n'épargne personne ; l'Homme abandonne toutes les règles de son humanité pour devenir une chose qui soit attaque, soit se méfie de tout.

Tout le monde fait de la prospective militaire

Pour ces raisons, chacun d'entre nous a ses idées sur les moyens de prévenir la guerre. Qu'est-ce qui peut déclencher une guerre ? Donc qu'est-ce qui peut permettre de l'éviter? Chercher des réponses, c'est faire de la prospective militaire. Dans le présent document, je vais exposer mes propres idées de prospective militaire.

Je ne suis ni un militaire, ni un responsable politique, ni un professionnel de la prospective, alors mes idées valent-elles mieux que ce qu'on peut entendre au café du commerce ? Je ne le pense pas, mais je les crois originales ! Seul le professionnel de la prospective peut juger de cela, bien sûr, ainsi ce document lui est-il avant tout destiné. Les autres lecteurs tireront bénéfice de la lecture de mes propos de par la gymnastique intellectuelle qu'ils seront amenés à faire en suivant mes raisonnements.

Pacifiste par nature

En tant que Français du XXIe siècle, on conviendra que mon inclinaison naturelle soit de cultiver la paix. La paix entre les nations, entre les religions, entre les idéologies, entre les cultures. Pour autant, le monde est complexe et je ne peux pas prévoir ou discerner les intentions des autres (pays, cultures, religions, etc.) à mon égard. Pareillement je ne peux pas mesurer les conséquences à long terme de mes propres actions dans mon propre pays, sur les autres pays. Par des chaînes de cause à effet insoupçonnées et très longues, une guerre peut se déclencher par un concours de circonstances — par hasard presque — avec autant de probabilité qu'une guerre sciemment fomentée et déclarée par des belligérants.

J'aime cultiver la paix. Mais une guerre peut toujours advenir. Mon idée de la prospective est celle-ci : envisager quel type de guerre va vraisemblablement advenir. De quel type sera la prochaine guerre ? Vaste question me direz-vous. Mais je peux l'aborder avec de bonnes chances de trouver une réponse si je fais un postulat adéquat. Si je fais un postulat sur un facteur, un élément, une condition, une constante, qui toujours participe au déclenchement des guerres. Que trouve-t-on à chaque fois dans les prémices des guerres ? Mon postulat doit passer entre deux écueils : la banalité (l'Homme est de nature belliqueuse, il obéit à son instinct, il a soif de toujours plus de pouvoir et de richesses, etc.) et l'insignifiance (l'influence de la qualité des vêtements ou de la solde sur le moral des troupes par exemple). Ceci étant mon tout premier exercice de prospective, d'autres écueils deviendront visibles au fur et à mesure de mon avancée. Nul doute que tout néophyte je m'échouerai sur l'un d'eux. Mais n'est-ce pas ainsi qu'on apprend en toute chose ? J'invite le lecteur à l'indulgence.

Ce qu'est la prospective

Dans son livre La prospective, puf, collection Que sais-je, 2e édition 2013, Thierry Gaudin explique que la prospective est un exercice délimité par notre psychologie. Nous ne pouvons pas aller au-delà de notre psychologie quand nous envisageons des scénarios du futur. Sauf à adopter des traits psychologiques imaginaires, mais la vraisemblance des scénarios devient alors plus faible.

De même, on ne peut pas imaginer le futur qui soit le plus vraisemblable en sortant du périmètre de notre intellect. Si on pose des capacités intellectuelles anormales ou extraordinaires pour imaginer le futur, le résultat de la prospective sera le récit d'un futur irrationnel selon nos critères communément admis. Donc invraisemblable donc inutile.

D'où je comprends qu'une bonne prospective est avant tout posée, ancrée, dans la vie quotidienne la plus commune, faite de nos repères et codes sociaux, de notre histoire, de nos traits culturels les plus généraux.

Ici, par contre, je vais faire de la prospective en m'appuyant sur les limites de notre savoir. Je vais faire de la prospective en m'appuyant sur ce que nous ne savons pas (donc sur ce qui ne relève pas de la vie quotidienne normale). Oui, l'exercice est à la limite de ce que la logique, le bon sens, le rationnel, peut admettre. Il est aussi téméraire. Mais je le crois possible et profitable. Non, il n'est pas impossible de construire quelque chose à partir de ce qu'on ne possède pas — oui il est possible de construire sur l'inconnu. La construction sera abstraite, évidemment. Non, ce ne sera pas de l'extrapolation, qui est une forme commune de construction sur l'inconnu. Ce ne sera pas non plus un exercice de généralisation : le résultat d'une telle prospective serait banal. Je vais vous proposer une autre forme de construction sur l'inconnu.

N'étant pas un professionnel de la prospective, il se peut que mon travail, que je crois original, relève en fait de techniques de prospective bien connues. Ou sinon que mon travail, en comparaison de celui accompli par le professionnel, soit de qualité très discutable. Ce sont deux risques que je prends et accepte pleinement. L'alternative étant de ne pas écrire ce texte et de garder ma réflexion pour moi, ces deux risques sont négligeables par rapport à mon amour de la réflexion et de l'explication des réflexions (ce que j'inscris dans un projet plus vaste de « désacralisation » de l'intelligence, qui anime nombre de mes écrits).

Guerre et sens commun : un plan général en sept étapes

Avant d'introduire mon postulat, je souhaite que nous revenions au sens commun concernant la guerre. Cela va nous échauffer encore un peu les méninges.

Considérons le déroulé suivant en sept étapes, que tout un chacun qui se dit pacifiste peut comprendre. 1) Cultiver la paix est la priorité. 2) Ensuite, il faut tout faire pour éviter la guerre : en repérer les prémisses, les comprendre et les dénouer. 3) À défaut il faut se préparer à la guerre (mettre en lieu sûr ce qui fonde le pacifisme et ce qui permettra si nécessaire de redémarrer la société). Quand la guerre est déclarée 4) d'abord minimiser les effets des attaques subies, puis 5) riposter pour donner des raisons à l'ennemi de cesser ses attaques. En dernier recours 6) immobiliser ou 7) annihiler l'ennemi.

Ces sept phases relèvent du bon sens pour qui est pacifiste de nature. Mais ce déroulé n'est pas vraiment une prospective. Il est trop vague. C'est plutôt un plan général.

L'exercice de prospective que je vais faire ici se situe au niveau de la deuxième étape : repérer les prémices de la guerre.

Voilà, vos neurones sont échauffés, on peut y aller !

Exercice de prospective : identifier la prochaine guerre

Postulat de départ

Pour cet exercice je vais partir du postulat que chaque nouvelle guerre se produit parce qu'elle contient une nouveauté.

Car si toutes les causes vraisemblables d'une guerre étaient par avance connues, la dite guerre serait prévisible et, pour un pacifiste, en agissant sur ces causes il serait possible de l'empêcher — la question du pourquoi on laisserait advenir une guerre étant ici hors propos.

Si une guerre se déclenche, c'est parce qu'il n'a pas été possible de maîtriser les facteurs qui la rendaient vraisemblable. Les facteurs qui la rendaient inéluctable. Soit qu'on n'en avait pas les moyens — question ici hors propos —, soit qu'on ignorait certains de ces facteurs. La guerre se déclenche, sans qu'on puisse l'entraver, d'autant plus certainement qu'un ou plusieurs facteurs ou prémices sont inédits. Sont absents du champ de notre savoir.

Je vais focaliser mon exercice de prospective sur ces facteurs inédits, parmi lesquels je range aussi les facteurs dont on dispose d'une certaine connaissance mais trop peu pour les rendre maîtrisables ou influençables.

Voilà un nouvel écueil qui perce les flots, me direz-vous : quid des facteurs certes inédits mais intrinsèquement incontrôlables ? À quoi cela sert-il de parvenir à les identifier parmi les autres prémisses d'une éventuelle guerre ? Hé bien, je dirais que si nous n'avons pas de prise sur ce facteur, « l'ennemi » n'en a peut-être pas plus que nous. Donc que son usage peut varier. On peut en faire un point de bascule, un mur, un gouffre, etc. Mais c'est là une ligne de réflexion que je ne poursuivrai pas ici.

De mon postulat découle que ce genre de guerre reposant sur une nouveauté ne se gagne pas en utilisant des techniques classiques, des techniques déjà bien connues et éprouvées. Il faut des techniques elles aussi inédites pour la gagner.

L'intuition du postulat

C'est en regardant un film sur la résistance et la collaboration durant la seconde guerre mondiale qu'une intuition prit forme dans mon esprit : que toutes les qualités humaines, tous les talents, tous les exploits, toutes les noblesses d'âme et de cœur dont on fait preuve les habitants des pays occupés, qui ont mené les Allemands à la défaite sur tous les plans (des forces armées, des communications, de l'organisation), toutes ces qualités humaines pourraient être inutiles pour gagner la prochaine guerre !

Je précise que j'étais ces jours-là en train de lire La prospective de Thierry Gaudin, après avoir fini Think Tanks de Paul Dickson, Ballantine Books, 1972.

La victoire des guerres du futur ne repose pas sur les talents qui ont permis les victoires du passé, si on admet mon postulat que chaque guerre se déclenche sur la base d'une nouveauté inédite (technique, organisationnelle, littéraire, psychologique, biologique, scientifique, etc).

Sachant cela — sachant l'inefficacité des talents passés —, on peut délimiter comment sera, comment seront, les guerres du futur. Surtout, on peut avec certitude prévoir que la prochaine guerre sera fortement différente de la dernière. La prochaine guerre sera bien différente de la seconde guerre mondiale ainsi que de celle, en cours, entre l'Occident et le fondamentalisme islamique.

Exemples : seconde guerre mondiale et guerre avec l'islamisme

La seconde guerre mondiale a été gagnée par le courage individuel des résistants et des soldats qui ont débarqué sur les plages de Normandie, par la puissance technique, par l'espionnage, par le codage et le décodage de l'information, par le courage de longue haleine des résistants, par l'organisation scientifique pour la création de nouvelles bombes, etc. La coopération internationale (les alliés) et aussi l'espoir de justice après cinq années d'occupation allemande et de collaboration, ont aussi été des facteurs décisifs pour la victoire.

Par quoi a-t-elle été déclenchée ? Par les talents de psychologue des foules et d'orateur d'Hitler. Par le sentiment d'infériorité des Allemands suite au traité de Versailles. Par le besoin de retrouver de la fierté. Par la misère au quotidien que les Allemands devaient endurer. Par une industrie allemande qui avait à cœur de produire les meilleures armes du monde. Le belliqueux Hitler a surpris tout le monde par son pouvoir à unifier un peuple sous des bannières simplistes ainsi que par la puissance de son armée : c'étaient les facteurs inédits. Les facteurs imprévus.

La guerre du fondamentalisme musulman contre l'Occident a pris un nouveau tournant avec l'utilisation de cutters pour prendre le contrôle d'avions et les utiliser comme missiles (attentats de 2001) et en 2014 avec la fondation ex-nihilo d'un état islamique sur les ruines de l'Irak : deux « techniques » imprévues et improbables.

Guerre et puissance

Il n'y a pas de guerre sans puissance, c'est évident. Puissance du belligérant qui porte le premier coup, puissance du vaincu qui va se relever et finalement gagner.

Ou bien ?

Que serait une guerre où la puissance, quelle que soit sa forme, ne serait pas le levier essentiel de la victoire ? Car la puissance est un facteur guerrier des plus classiques. Des plus prévisibles. On s'attend tous à ce qu'une guerre soit un enjeu de puissance. Cette habitude de penser, qui nous est si évidente, en fait-elle une constante de la guerre ? Mais si cette constante n'en était pas une? Plus largement, il n'y a pas que le désir de puissance (religieuse ou séculaire) ou la folie qui peuvent inciter un homme à en tuer un autre. Par exemple la secte des Thugs en Inde, secte qui n'existe plus, concevait le meurtre selon d'autres critères — je laisse le lecteur curieux se renseigner par ses propres moyens. Autre exemple : une guerre menée par une intelligence artificielle contre l'humanité pourrait ne pas se baser sur l'enjeu de la puissance. Nick Bostrom, dans son livre Superintelligence, explique que nous pourrions même ne pas comprendre pourquoi une intelligence artificielle se retournerait contre nous humains.

La ruse et la réflexion sont les moyens classiques pour défaire les attaques en force, attaques découlant du désir de puissance du belligérant. Dans une guerre sans enjeu de puissance, la ruse et la réflexion pourraient être des qualités … vaines !

Autre exemple de guerre (fictive) où la puissance n'est pas un enjeu : la guerre des Borg contre l'humanité dans Star Trek, sur fond d'évolution naturelle des formes de vie à l'échelle de la galaxie.

L'élément de nouveauté est ce qui permet à la guerre d'être déclenchée, et à sa première phase d'être gagnée par le belligérant. Quelle serait cette guerre qui pourrait — qui devrait — être gagnée sans utiliser les talents et qualités citées plus haut ? Peut-on, en inversant notre connaissance de ces talents, déterminer cet élément novateur ? Je m'explique : cet élément novateur auquel correspondent un ou des talents qui jusqu'à aujourd'hui n'ont pas été utilisés. Du moins utilisés pour gagner une guerre. Cet élément dont nous ignorons tout et qui, en ce moment même, grandît, mature, s'épanouit au-delà du champ de notre vision ou de notre conscience ? Quelque part. C'est là le tragique de la destinée humaine.

La question que nous devons nous poser est celle-ci : à quelles nouveautés (vraisemblables) correspondraient ces talents qui n'ont jamais servi pour gagner de guerre ? Par exemple … l'indifférence. Voilà un trait humain qui, jusqu'à présent, n'est pas utilisé pour gagner une guerre. Mais si demain c'était l'indifférence qui permettait de gagner la prochaine guerre ? À quelle nouveauté l'indifférence correspondrait ?

Autres exemples d'imprévus

Prenons des exemples (du passé). Dans Think Tanks de Paul Dickson, le chercheur du think tank RAND responsable de la section de recherches sur l'environnement n'envisageait pas du tout le changement climatique qui est en cours actuellement, pour cause de rejets massifs de CO_2 dans l'atmosphère. Ni même son collègue du think tank Educational Policy Research Center. Ils n'envisageaient (en 1972) que la pollution de l'environnement par les déchets de notre mode de vie.

Autre exemple : la diffusion publique, sur tout le globe, de données confidentielles de l'armée des USA par le réseau internet Wikileaks. Au début des années 2000, le Pentagone n'envisageait pas qu'un tel usage d'Internet soit possible. Plus précisément (tel que je comprends la chose) l'armée connaissait bien la force du réseau : même en partie détruit, un réseau continue à acheminer des informations, car les chemins de circulation de l'information sont multiples dans un réseau. L'armée n'avait pas envisagé que cette force puisse servir à rendre anonymes les lanceurs d'alerte (les personnes qui donnent les informations classées confidentielles). Cette nouveauté — cette forme d'anonymat — a brisé la stratégie de confidentialité de l'armée. Elle n'a pas été discernée durant sa phase d'émergence (pourtant Julian Assange, son créateur, faisait tout son possible pour faire connaître les effets positifs de son système Wikileaks depuis les années 1990).

Comme pour le changement climatique qui était largement initié dès les années 1960. L' « attaque » du changement climatique et l' « attaque » de Wikileaks n'ont pas été ... prévues, discernées, prises au sérieux, auscultées parce que leur caractère novateur ne rentrait pas dans le champ de conscience des années 1960 et 1990. L'advenue des « attaques » était alors inéluctable.

Si on avait su… Si on avait regardé là où il fallait…

L'élément novateur se développe de façon inéluctable parce qu'il n'est pas entravé. Parce qu'il demeure inconnu. Tout en se développant il soutient l'avènement de la prochaine guerre. Il est inconnu jusqu'à ce qu'on comprenne ses tenants et aboutissants, c'est-à-dire jusqu'à ce que la première phase de la guerre soit gagnée par le belligérant. Jusqu'à ce qu'on soit mis devant le fait accompli.

La prospective a pour objectif d'élargir le champ de notre conscience ainsi que sa précision, afin que le développement de tels éléments novateurs ne passe pas inaperçu. En prospective militaire, tous les éléments nouveaux sont recensés et analysés, leur potentiel militaire est déterminé et ce savoir est incorporé dans les politiques de diplomatie, d'action armée et / ou de renseignement. Le site internet du ministère des armées publie ainsi des offres d'études à mener sur tel ou tel élément nouveau qui touche de près ou de loin les intérêts militaires de notre pays (mais la désignation même, sur internet, de ces éléments, ne devrait-elle pas demeurer confidentielle ?).

J'espère que le professionnel de la prospective ne soupire pas trop à la lecture de ces lignes…

Une limite à la prospective ?

L'amateur que je suis semble discerner une limite à ce raisonnement prospectif : plus on cherche les éléments novateurs en agrandissant le champ de notre conscience et de notre savoir, plus ce qui nous demeure caché, invisible, prépare une guerre qui sera difficile à gagner. Plus il faudra se dépasser soi-même, en temps de guerre, pour identifier et comprendre cet élément novateur afin de parvenir à le contrôler.

Au contraire, si on ne fait aucun effort de prospective, il est vraisemblable que l'élément novateur ne sera pas beaucoup plus compliqué que l'état actuel de nos savoirs. Il sera alors relativement facile de le comprendre et d'inventer une riposte adéquate. Par exemple, si demain des extra-terrestres nous faisaient la guerre, leurs techniques de guerre en avance de centaines d'années sur les nôtres ne rentreraient pas dans notre champ de compréhension, et nous ne pourrions aucunement riposter à ces techniques.

Ce que je veux dire avec cet exemple, c'est qu'il me semble que la prospective n'est utile que lorsque l'écart entre les éventuels ennemis est faible. Elle n'est utile que lorsque l'élément novateur du belligérant n'est pas trop éloigné de l'état des connaissances de celui qui est attaqué. La prospective en matière de guerre avec des extra-terrestres est vaine. Est sans objet.

Je reviens à mon point de scepticisme : qui se prépare à tout, aura une guerre au-delà de tout ce qu'il avait envisagé. Donc il ne sert peut-être à rien de se préparer.

Prospective et mise en pratique

Tout ce que je viens d'écrire évite-t-il l'écueil de la mise en pratique ? Une prospective qui ne peut mener à aucune action concrète est-elle inutile ? A-t-elle échoué ? Est-ce que ma proposition de chercher les qualités jusqu'à ce jour inusitées en temps de guerre, pour en déduire la nature de la prochaine guerre, est réalisable? Et les résultats d'une telle recherche seront-ils assez précis?

C'est donc aussi l'écueil de la banalité qui s'approche à nouveau, bien que je l'eusse mis à distance dès le début de mon exercice. Donc : qui lève la main pour se porter volontaire et faire cette recherche des qualités humaines inusitées, pour ensuite en déduire la nature de la prochaine guerre ?

De l'utilité de la prospective

Plutôt que de chercher l'élément novateur comme une aiguille dans une meule de foin qu'on n'a pas encore fauché, ne faut-il pas préférer une règle simple pour bien réagir en cas de guerre ? On saute la deuxième étape des sept que je vous avais présentées durant la séance d'échauffement des neurones et on passe à la troisième. Dans ce cas, toujours avec le même postulat, la seule préparation fiable est celle de l'heuristique : il faut cultiver les conditions qui stimulent la créativité, chaque jour qui passe, dans tous les domaines de la société. Ainsi on fait en sorte que la créativité soit un réflexe chez chaque citoyen ! Quand la guerre se déclenchera, l'élément novateur pourra être rapidement identifié et des ripostes adaptées imaginées.

Mais si la première cible de guerre était justement l'heuristique ? La destruction de ce qui nous permet d'imaginer ? Oui il n'est pas facile d'imaginer une telle attaque, mais on peut retourner la question, ce qui donne : toute situation où l'heuristique est absente peut être qualifiée de situation de guerre, en première phase de conflit.

Tout territoire concret ou tout territoire de la pensée où il n'existe plus de créativité est de facto un territoire qui ne pourra pas riposter aux premières attaques de la prochaine guerre.

Donc l'ennemi, le belligérant, est celui qui encourage, qui entretient le déclin de l'heuristique dans de plus en plus de domaines.

Bon, nous revoilà en train de faire de la prospective !

Certes le déclin de l'heuristique peut advenir dans des domaines multiples et variés sans que ce soit l'œuvre de quiconque. Ce peut être un simple effet de l'évolution de la société. Néanmoins ces domaines, par leur atonie, peuvent être le théâtre de la première phase d'une guerre sans rien en laisser paraître. De tels domaines doivent donc être surveillés avec attention, en tant que cibles de choix pour la prochaine guerre. En faisant cette proposition, je ne spécule pas. Je suis tout à fait sérieux.

Voyez la Chine : nous Occidentaux ne nous attendions pas à ce qu'elle ressuscite la très ancienne, et abandonnée, route de la soie. La Chine, bien sûr, n'est pas notre ennemi. Son exemple me sert juste à illustrer l'idée qu'une guerre peut démarrer par une attaque de lieux, figures, idées, ouvrages auxquels nous n'accordons plus aucune importance aujourd'hui. Des domaines sans heuristique aucune. Le passé est plus perméable que le présent ; la prochaine guerre peut, demain, démarrer hier voire avant-hier.

Autocritique et apprentissages suite à l'exercice

Ainsi se clôt mon exercice de prospective militaire. Il ne sert vraisemblablement à rien, les guerres comportant à la fois des facteurs classiques, atemporels, et des facteurs inédits. Au moins aurais-je sondé un espace qui me semble obscur et froid (celui où les meilleures qualités humaines seraient vaines).

J'espère que vos neurones auront apprécié la gymnastique !

Que mes lecteurs habituels ne soient pas étonnés de mon choix pour ce thème de la prospective militaire : je ne suis pas un penseur spécialiste de l'agriculture, je suis un penseur tout court. J'aspire à bien penser, donc comme un grand chef cuisiner je dois affiner mes talents en faisant des plats variés, c'est-à-dire en réfléchissant à des thèmes variés et improbables. Merci pour votre compréhension.

Deux nouveaux mots

Cet exercice m'aura confronté à deux nouveaux mots : prémisse et prémices. Le premier signifie « ce qui est au préalable nécessaire », dans une logique de cause à effet. Le second signifie « précurseur, qui vient au tout début », sans lien obligatoire de cause à effet. Il est utile de connaître cette différence, mais le plus dur est de se souvenir de leur orthographe respective !

Le mot prospective m'a également intrigué. Le préfixe « pro » signifie premier, début. La prospective est donc la discipline qui cherche à voir ce qui va se passer au début. Et non ce qui va se passer plus tard. La prospective est la recherche des débuts, des initiations, des apparitions, des émergences, des créations. Quelle est cette chose qui va apparaître et quelles en seront les conséquences ?

Une motivation d'écrivain pour faire cet exercice

En plus de la lecture des livres cités de Paul Dickson et Thierry Gaudin et de l'intuition de l'inefficacité des qualités humaines pour une guerre nouvelle, il m'est venu l'idée de faire cet exercice de prospective parce que j'étais confronté dans mon travail d'écrivain à un vide à remplir. Pour un roman, je possédais une intrigue presque complète et j'en avais démarré l'écriture. Une fois écrits les trois quarts de l'intrigue, et ayant en ma possession le dernier acte et l'épilogue, j'arrêtais d'écrire. Il me manquait le pas suivant, ce pas qui était la prémisse de la grande scène finale.

Prenant un peu de recul vis-à-vis de cette difficulté, je comprenais que les grandes lignes ne font pas nécessairement les petites ! Auparavant quand j'écrivais des livres techniques, je mettais en pratique la pensée pyramidale, c'est-à-dire le déroulement en cascade des grandes idées jusqu'aux plus petites, par voie de logique. Mais pour l'écriture d'un roman, qui est la retranscription d'une histoire de vie plus ou moins imaginaire, force est de constater que des grandes idées je ne peux pas en faire découler toutes les petites. Des grandes étapes du roman, avec chacune leur enjeu, toutes au préalable pensées et mises en forme les une à la suite des autres, les petits pas des personnages du roman ne se déduisent pas. Comme si j'étais, moi l'auteur, celui qui imagine et pose la grande trame du roman, mais que je devais laisser aux personnages-mêmes la charge de faire les petits pas. Me comprenez-vous ? Eux déroulent l'histoire mot après mot, tout le temps, quand ma pensée d'auteur, en ayant imaginé l'intrigue globale, ne serait responsable que de l'écriture du début et de la fin.

J'étais donc devant mon écran, blanc, pourtant en face de moi je voyais la scène finale clairement. Il y avait un vide, entre le passé, bel et bien écrit, et le futur, déjà entièrement pensé : le vide du présent qui n'existait pas. Pas encore. J'ai eu le réflexe de chercher à écrire ce présent à partir de la scène finale déjà connue. Je me disais : oui, ce vide sera rempli un jour par moi, avec un savoir dont je disposerai. Mais ce savoir, je ne l'ai pas. Qu'est-ce qui me le procurera ? Mon imagination ? Le futur était déjà là, avant le présent : gênante situation !

Je sortis de cette impossible pensée du présent en … ajoutant une simple envie à un personnage. Et tout de suite le présent se remplit de moult idées. La scène prémisse au final se déroula sans effort devant mon œil intérieur.

Bref, j'aurais aimé connaître le futur inconnu, c'est-à-dire aller jeter un œil le lendemain dans mon futur pour y lire, écrites sur mon tableau dans ma chambre, les idées de la scène prémisse au final. Ce futur existait déjà, et à la fois il n'existait pas.

Dans le roman comme dans la réalité, le temps se crée un pas après l'autre. Il est impossible de sauter un pas ou deux pour aller plus en avant et attendre d'être rejoint par le présent en espérant tirer grand bénéfice du savoir que nous avons acquis en « trompant » le temps.

Donc la prospective est toujours ancrée dans le présent. Elle ne peut pas s'en détacher. Elle ne permet pas de faire l'économie du présent — de faire l'économie d'avancer pas à pas. Sinon elle nous priverait du sel de la vie.

Mon exercice de prospective et Michel Onfray : une prospective populaire est-elle possible ?

Voilà une curieuse réunion, me direz-vous. Le grand philosophe a-t-il écrit un livre sur la prospective ? Non, mais il a fondé une université populaire et l'exercice que je viens de faire relève des savoirs populaires. J'écris pour le « peuple » et non pour l'élite intellectuelle, dont je ne fais pas partie. En quittant définitivement cette université qu'il avait fondée, le philosophe en a ré-expliqué l'enjeu : « La lutte contre les idées du FN, qui avait motivé la création de l'UP en 2002, doit donc être élargie à tous ceux qui mettent en péril la liberté de conscience, de pensée et d'expression. Ils sont bien plus nombreux qu'à l'époque. Plus nombreux et d'autant plus dangereux qu'ils sont désormais au pouvoir. » Michel Onfray, 27 septembre 2018.

La prospective est une discipline surtout pratiquée dans les « think tanks », des instituts très spécialisés et revendiquant pour eux de faire travailler les gens les plus intelligents. Ce sont des instituts qui font tout ce qui est possible pour s'élever au-dessus du peuple. Donc ils sont tout le contraire d'une université populaire. Et ce sont eux, surtout ceux spécialisés en économie et en communication, qui ont orchestré l'élection de l'actuel président, le même qui avait dit vouloir faire « sortir Michel Onfray du récit national ».

Quid donc de la prospective populaire ? Elle existe et elle s'exprime sur internet majoritairement. Comme partout ce sont les idiots qui s'expriment le plus fort, sur internet aussi, donc il faut trier avec ardeur les opinions accessibles sur internet. Mais le bon sens existe sur internet. Il s'exprime loin des superlatifs, des joutes verbales, des formules chocs, des slogans, des éléments de langage (d'ailleurs souvent imaginés et propagés par des think tanks), des titres et diplômes, des égocentrismes et des paranoïas. Ce sont les opinions additionnées de toutes les petites gens comme moi, qui relatent ce qu'ils font et qui écrivent sans prétention des réflexions sur la base de leur expérience. Ce sont leurs petits pas additionnés, qui dessinent le très large front du présent face au lendemain. Ces gens-là ne font pas de bruit et ne cherchent pas la notoriété. Mais ils sont là et, sans effort, ils font taire les idiots, les prétentieux et les démagogues en démontant les phrases et les promesses creuses par le bon sens.

Malgré tous les instituts et toutes les universités qui existent en France, aucun laboratoire de recherche n'est dédié au bon sens populaire. Ne voulant pas le voir, on est certain de ne pas le trouver au cas où on voudrait lui demander ce qu'il pense du futur qu'on est en train de construire aujourd'hui.

L'ÉNERGIE DU TOTALITARISME

Avril 2019

J'écrivais ces mots dans un précédent texte :

« L'humanité est dominée par le mensonge, l'égoïsme, l'avarice, le meurtre, le vol, la bêtise, le nihilisme, la fainéantise, la flagornerie, l'apparence. Pourquoi ? Parce que ces traits de caractère sont les plus faciles. Ils ne requièrent aucun effort. Il suffit de se laisser aller. À l'inverse, la bonté, l'abnégation, la réflexion, le partage, l'enseignement, la créativité, la construction requièrent moult efforts, toute la vie durant. 'Prospérité du vice et malheur de la vertu' : c'est le dicton bien connu. Quelle honnête et droite personne n'a pas vu ses nobles idées être récupérées et détournées par des charlatans, pour que ces derniers s'enrichissent plus encore en entretenant la crédulité du peuple ? Voire : les voleurs contraignent ensuite le bon inventeur à ne plus utiliser sa propre invention. C'est banal. L'humanité est donc le combat du bien pour se défendre contre le mal. Le bien se protège, répare et construit, le mal attaque et détruit. »

Les régimes totalitaires reposent sur l'expression libérée des traits destructeurs de l'humanité, vous en conviendrez.

Je me suis souvent demandé comment un régime totalitaire parvenait à se mettre en place. Plus précisément, comment la destruction de ce qui existait précédemment pouvait se généraliser. Car une fois en place, les destructions opérées par les régimes totalitaires prennent une ampleur gigantesque, bien supérieure aux destructions commises pour la conquête du pouvoir. L'énergie d'un chef charismatique, et de ses sbires, est essentielle, bien sûr. Mais suffit-elle ? Une fois le chef parvenu au pouvoir, on sait les mécanismes de propagande qui peuvent se mettre en place (l'auto-contrôle d'un peuple par exemple). Mais cela suffit-il? La volonté du chef qui dirige la main du peuple? Non, je pense que cela ne suffit pas pour contraindre puis motiver chaque individu à agir selon la volonté du chef, pour réaliser des destructions massives (des bâtiments, des arts, des savoirs, des institutions, etc). Je crois que la motivation du peuple à détruire relève aussi d'un ressort psychologique profond : la libération. Paradoxalement, quand on détruit, on gagne en énergie, en motivation, en sérénité. Le fait de détruire prouve la possession du pouvoir, de la puissance. Et cette puissance donne confiance en soi.

L'arrogance des individus mentalement soumis au chef m'a toujours étonnée. Être embrigadé confère de la certitude; les paroles des embrigadés sont toujours des jugements certains. Sans alternative. Leur logique est certes carrée et complète, leur motivation est certes bien inculquée via les mécanismes de propagande, pourtant il m'a toujours semblé qu'il y avait là un ressort profond — et puissant — que je ne distinguais pas. De ces embrigadés émane une aura impressionnante, qui à tout pour séduire. D'où vient-elle ?

Les adeptes d'une secte émettent la même aura. Car la secte est un régime totalitaire : basé sur la destruction.

Détruire donne la preuve de la puissance. Il n'est pas étonnant que les faibles de cœur et d'esprit, les incertains, les peureux, soient les premiers convaincus par le dictateur ou par le gourou : pour les convaincre, il suffit d'apprendre à ces gens à détruire. Qu'importe ce qui est détruit : le résultat de la leçon sera facile à saisir pour ces individus qui ignorent tout d'eux-mêmes. Ils feront l'expérience de la puissance, expérience jouissive. Ils constateront qu'ils ont un pouvoir.

Les embrigadés détruisent. Ils se sentent puissants. Pour confirmer leur puissance, il leur faut détruire toujours plus. Car une puissance qui stagne n'est pas une puissance.

Notez que plus ils détruisent ce qui leur est précieux, cher, intime, plus la récompenses est élevée : c'est la preuve qu'ils ont la puissance de se modifier eux-mêmes. Apprendre à détruire ses centres d'intérêt, ses loisirs, son travail, ses passions. Ses proches, ses amis. À partir de ce moment-là, tout devient possible pour ces gens. Jusqu'au sacrifice de ses biens, de ses terres, des êtres aimés. La preuve aura été faite que la destruction confère la puissance. Donc quelle est la puissance ultime ? C'est accomplir le sacrifice ultime. Le dictateur et le gourou, tôt ou tard, expriment ce souhait. Indirectement, bien sûr : l'effet sur le passage à l'acte n'en est que plus fort, le kamikaze trouvant là l'opportunité de prouver à son chef qu'il est digne de lui, car il satisfait à l'avance ses désirs.

Habiles manipulations …

On me dira que, malgré tout, il y a de la construction dans les régimes totalitaires : architecture, infrastructure, institutions, écoles, etc. Bien peu, je réponds, en comparaison de tout ce qui a été détruit. Le sentiment de puissance ne dure jamais longtemps : détruire est rapide. Pour construire il faut du temps. Il faut des efforts de longue haleine. Les constructions, les actes créateurs, des embrigadés, sont nécessairement simples. Ça tombe bien : le style totalitaire met justement à l'honneur le simple, le brut, le non raffiné, le massif ! Cf. l'architecture nazi. Une pierre sur une autre, c'est un mur. Une pierre sur deux autres, c'est une fenêtre — une meurtrière, ça suffit. Une planche sur deux pierres, un toit.

Les embrigadés, ivres de puissance, ne vivent que dans l'ici et maintenant. Le temps long et l'ailleurs sont désormais hors de leur portée. Hors de leur intelligence. Leurs constructions se déroulent toujours dans un contexte festif, haut en couleurs et en sons, démarrant à telle date et se finissant à telle date. Les embrigadés seraient incapables de se motiver pour un projet dont la date de terminaison n'est pas fixée à l'avance. Le chef et ses sbires savent cela. Ils s'assurent donc que l'encadrement soit total pour que les troupes ne se démoralisent jamais. De même, ils préviennent toute occasion de s'ennuyer. Le sentiment de puissance doit être cultivé et alimenté en permanence, sinon à un rythme fixe (d'où l'importance exacerbée des rituels dans une dictature ou dans une secte).

Deux questions se posent alors :

Que se passe-t-il quand les embrigadés sont privés des opportunités d'exprimer leur « puissance » ?

Que cela vous fait-il, cher lecteur, de savoir maintenant comment fonctionne un régime totalitaire ou une secte ?

La guerre met fin au régime totalitaire ou la police démantèle la secte. Comment réagissent les embrigadés ou les adeptes ? Sur le coup, c'est la colère qui l'emporte, bien sûr. Mais la réaction immédiate ne m'intéresse pas ici, pas plus que les réactions suscitées par la mort du chef ou l'emprisonnement du gourou. Plus intéressant est de chercher à comprendre ce qui se passe dans la tête de l'embrigadé quand les rituels de puissance destructrice n'ont plus lieu. Quand les constructions festives et grandiloquentes n'ont plus lieu. Il est désormais privé des moments d'exultation. Il doit désormais vivre sans qu'on lui dise quoi faire. Il doit désormais vivre un quotidien banal et répétitif, débarrassé de tout mythe glorieux. Dépourvue de sens (car qui connaît le sens de la vie ?). Sa pensée est libre de tout ; elle ne peut plus être rattachée à un mythe glorieux, mythe qui auparavant le comblait et donc le rassurait. Il fait désormais face au vide. Impuissance et néant : voilà ce que doit éprouver l'embrigadé désembrigadé. Saura-t-il redevenir un individu pensant par lui-même, doué de sens critique, ou sera-t-il la proie facile des charlatans, des démagogues et des systèmes déshumanisants (par exemple la grande distribution) ? Ou, comprenant ce qu'on lui a fait, deviendra-t-il un fervent défenseur de l'humanisme ? Je ne sais pas. Mais laissé à lui-même face au vide et à l'impuissance, il peut être grandement tenté de se suicider.

Quelle leçon de morale tirer de cette réflexion sur l'énergie des systèmes totalitaires ? Celle-ci : qu'il est néfaste de cultiver le sentiment de puissance facile dans une population. Il est néfaste de mettre à disposition du plus grand nombre des moments, des lieux, des occasions, où l'acte de détruire est facilité et sans conséquence négative. La puissance rend ivre. Elle est addictive comme une drogue. Parmi toute la diversité créatrice de notre société avec ses machines et avec internet, il faut être attentif aux actes de destruction qui ne sont pas réprimandés ou qui sont encouragés. Surtout s'ils sont présentés comme un jeu. Ils seraient les prémices d'une manipulation mentale. Des personnes ou du patrimoine matériel peuvent être visés, mais aussi du patrimoine immatériel : traits de culture, histoires, traditions, savoir-faire, idées, passions, croyances. Dès que des idiots revendiquent d'avoir détruit telle ou telle chose, que c'était facile et que ça faisait du bien de la détruire, il faut savoir si une idéologie est à l'œuvre. Car Hitler écrivait dans Mein Kampf qu'une bonne propagande est celle qui convainc même les plus idiots.

Ce genre de glorification de l'acte destructeur est certes peu commun de nos jours. Plus évidentes sont les destructions sociales, naturelles, environnementales, toujours impunies, toujours autorisées, qui résultent de l'influence des lobbyistes à Washington et à Bruxelles. Et les lobbyistes ne se vantent jamais de ce droit de destruction que le législateur leur a « accordé ». Cependant, en cherchant bien dans les dossiers rendus publiques par Wikileaks et les lanceurs d'alerte, on trouvera certainement des paroles de glorification de l'acte destructeur chez les commanditaires des lobbyistes. C'est ce que je crois : qu'au sommet des entreprises multinationales qui sont responsables de tant de destructions sanitaires, sociales et environnementales, on trouve des adorateurs de la puissance facile. Donc des adeptes de la destruction. Des gens dont le vide intérieur est immense et qui le comblent en exigeant toujours plus de puissance. Qui jubilent de détruire ce que les autres personnes ont construit et ce que la nature a construit. Et à la place ils construisent des maisons de paille sur le mensonge et le risque. C'est un fait que les riches deviennent de plus en plus riches. Preuve qu'il leur en faut toujours plus.

Je conviens tout à fait avec vous, cher lecteur, que ces personnes n'agissent pas sous l'emprise d'un système totalitaire tel que le fascisme ou le communisme. Les véritables systèmes totalitaires, en Europe, appartiennent au passé. Mais des systèmes déshumanisants peuvent réapparaître. « Le mal prend le masque de la vertu » écrivait Nietzsche. Afin de perdurer puis de renaître. Il faut toujours demeurer vigilant dès qu'une population, dans son ensemble, autorise une vertu à être associée à une puissance.

Enfin, qu'en retire-t-on de mieux comprendre ce pan des systèmes totalitaires ? Sûrement, cela ne nous permet pas d'entraver l'émergence d'un système totalitaire — la vie est un drame. Comme avec mes réflexions sur les critères de sélection des futurs adeptes par les sectes (publiées dans mon livre Nagesi), j'en retire une certaine fierté. Je suis toujours fier de parvenir à comprendre comment des systèmes pourtant opaques et nimbés de mystères et de mythes, parviennent à mettre sous tutelle la vie entière des individus. Une chose, que pourtant vous ne comprenez pas, qui pourtant n'est pas distinctement visible, va vous attirer et prendre le contrôle de votre vie.

Comment ? Pourquoi ? Les prémices du totalitarisme sont toujours là. Gardons-les à l'œil et protégeons d'eux ce qui nous est cher.

QU'EST-CE QUE LA VÉRITÉ ?

Mai 2019

La vérité est un fait, dit le scientifique. La pomme tombe, l'eau est fluide, la lumière est une onde électromagnétique, le vent gonfle les voiles, etc. Ici je ne considérerai pas ce genre de vérité, mais cet autre genre de vérité : ce que nous tenons en nous pour vrai parce que nous en sommes certains, parce nous l'avons éprouvé. Autrement dit : la vérité intérieure. Ou encore : la vérité subjective, dirait le scientifique. Clarifions.

La vérité subjective s'acquiert via une expérience; une expérience est un vécu. Vous glissez dans votre escalier par exemple. Une vérité objective s'obtient via une expérimentation, qui n'est pas un vécu mais un processus dont plusieurs personnes peuvent témoigner du déroulement. Une vérité est donc dite objective quand plusieurs personnes peuvent témoigner de son existence sans y prendre part. Le physicien ne s'introduit pas dans sa machine pour y ressentir les mesures que celle-ci va faire. Ce genre d'expérience est inutile. La vérité est aussi dite objective quand c'est un appareil qui en fait la lecture, et non une personne avec ses sens — sens faillibles et variables d'une personne à l'autre. Un voltmètre qui affiche un courant de cinq volts, voilà qui est objectif. Un courant de cinq volts passe dans ce câble : c'est une vérité objective. Mais mangez une fraise et trouvez-la douce et sucrée : c'est une vérité subjective. Votre voisin la trouvera acide. Prenez un haltère en main. Il vous paraît lourd. Au sportif de compétition, il paraît léger. Ce sont là deux vérités, pour un même objet, mais possiblement différentes car vécues par deux personnes différentes.

Voilà pour une rapide comparaison de ces deux formes de vérité, la subjective, multiple et individuelle, fruit d'un vécu, et l'objective, universelle, valable en tous lieux, en tous temps et pour tout le monde, fruit d'une expérimentation avec des instruments. Concentrons-nous maintenant sur la vérité subjective.

Ici je ne vais pas faire de psychologie savante. Je ne suis pas un psychologue ni un psychiatre. Je ne suis pas non plus un psychanalyste ni un coach en développement personnel. Ni encore un guérisseur. Je vais comme toujours, simplement, partir de mon propre vécu. Certes, je suis un peu original parfois, mais je pense que tout le monde sera en mesure de comprendre ce que je vais écrire.

Alors, de quoi pouvons-nous être certains? Comment se fait-il que nous allons prendre une connaissance ou une expérience pour des vérités ? Vérités qui par la suite vont nous servir à structurer notre vie : façons de faire, de dire, de penser, de ressentir. La vérité structure, organise, oriente et motive[6].

Tournons encore un peu autour de cette vérité intérieure avant de la définir. Avez-vous remarqué ceci : que celui qui possède cette vérité s'exprime, à son propos, avec autorité sinon conviction. La voix est claire, persuasive, fluide, confiante. Les yeux sont brillants, pétillants, le regard est affûté. Le corps est énergique, le dos est droit. La gestuelle est précise et déterminée.

Cette expression énergique de celui qui sait ce qu'il a vécu, me fait penser à une plante vigoureuse, turgescente, en pleine croissance. Au contraire, la personne qui doute de son vécu ressemble à un avorton qui pousse mal, qui flanche, qui est mou, qui manque d'eau.

---

6   Tout comme la vérité objective.

Je crois donc que nous pouvons associer le mot croissance au mot de vérité. Le second entraîne le premier. La vérité fait croître. Fait s'épanouir.

Et qu'est-ce qui entraîne la vérité ? C'est un moment : ce moment où nous faisons une expérience, ou où nous acquérons un savoir, qui nous change. Cette expérience ou ce savoir nous augmente, ou nous rectifie, ou nous affine. Nous ne sommes plus la même personne qu'avant l'expérience. La vérité est évolution.

Nous faisons une expérience, ou nous faisons une lecture ou nous écoutons une personne maître en son art, et nous avons évolué ! De cette évolution nous pouvons être certains parce que, ensuite, nous ne faisons plus comme avant. Nous ne pensons plus comme avant, nous ne parlons plus comme avant, nous ne ressentons plus comme avant. La vérité est une évolution. La vérité est comme un point-virgule qui sépare l'avant de l'après. La vérité intérieure est ce qui nous a changé.

Nous ne sommes plus les mêmes, nous le savons. Et c'est cette certitude qui transparaît quand nous sommes amenés à parler de cette vérité.

La vérité intérieure, qu'on appelle aussi vérité subjective, existe bel et bien. Elle quasiment factuelle. Quand bien même elle est unique pour chacun d'entre nous.

Nous sommes tous différents, car nous avons des vérités intérieures différentes. Untel a vécu ceci et cela, untel ceci mais pas cela, untel n'a vécu ni l'un ni l'autre. Untel a fait telle lecture édifiante, untel a rencontré telle personne édifiante. Jusqu'ici, quoi de plus banal en fin de compte ? Ce sont là les points communs et les différences qui permettent aux individus de s'apprécier et de faire des choses ensemble.

Banales aussi sont les vérités intérieures qui nous opposent. Quand l'un sait que la vie est entraide, encouragement, faire ensemble, liberté, l'autre sait que la vie est prise de pouvoir, contrôle, force, culte de la personne, conformisme.

La vérité scientifique, objective, peut rassembler les individus que tout oppose, me direz-vous. Hélas, non, car la vérité scientifique est dépourvue de volition. Pour l'un, une vérité objective servira à faire le bien, pour l'autre elle servira à soumettre et à faire souffrir. Seuls le dialogue ou la résistance permettront à l'un de ne pas devenir l'esclave de l'autre.

Vu ainsi, la vérité subjective prime sur la vérité objective. Elle est plus importante.

Voici quelques-unes de mes vérités intérieures :

La sagesse est le résultat d'un mouvement qui entraîne le cœur, la tête et la main. Cultiver ces trois composantes de façon équilibrée est sagesse. Celui qui n'est que cœur, que tête ou que main va au-devant des problèmes et des souffrances.

Vivre au contact de la Nature, travailler avec elle, donne sens à la vie. Car on se relie à l'Univers entier.

L'humanité est parcourue par quatre lignes de force : l'amour, la logique, la guerre, le mystère.

L'humanité est dominée par le mensonge, l'égoïsme, l'avarice, le meurtre, le vol, la bêtise, le nihilisme, la fainéantise, la flagornerie. Pourquoi ? Parce que ces traits de caractère sont les plus faciles à mettre en œuvre. Ils ne requièrent aucun effort de contrôle de soi. Il suffit de se laisser aller. À l'inverse, la bonté, l'abnégation, la réflexion, le partage, l'enseignement, la créativité, la construction requièrent moult efforts, toute la vie durant. « Prospérité du vice et malheur de la vertu », dit le proverbe. Quelle honnête et droite personne n'a pas vu ses nobles idées être récupérées et détournées par des charlatans, pour que ces derniers s'enrichissent plus encore en entretenant la crédulité du peuple ? L'humanité est donc le combat du bien pour se défendre contre le mal. Le bien se protège, répare et construit, le mal attaque et détruit.

Voyez que ces vérités se superposent. C'est que j'essaye d'être cohérent intérieurement. Mais pour accomplir cette tentative, je mène une vie de solitaire. La cohérence isole. Donc elle n'est plus cohérente…

J'en profite pour écrire que récemment, une amie à moi a émis l'idée que je sois autiste, plus précisément autiste asperger. Parce que je ne suis pas très sociable et que ma vie est très centrée sur mon jardin et l'écriture. Voilà qui m'a fait réfléchir, mais après avoir vu des documentaires montrant des autistes asperger, il est évident que je n'en suis pas un. C'est là une vérité … objective ! Ce n'est pas parce qu'on est un peu original qu'on souffre par ailleurs d'une maladie ou d'un handicap. Je n'aime pas du tout cette façon de penser, fort répandue, que des capacités intellectuelles particulières aillent nécessairement de pair avec une maladie, un handicap ou toute autre forme de limitation. Soit on répète ces bêtises parce qu'on les entendues dans notre entourage tout simplement, soit on est victime d'une passion triste. Par exemple, Michel Onfray reproche aux chrétiens de toujours mettre en avant la souffrance et de la justifier — pour vivre « comme le Christ ». « Heureux les fêlés, car ils laissent passer la lumière », à écrit un auteur chrétien dont j'ai oublié le nom. C'est-à-dire : ceux qui ont souffert, qui ont eu leur vie brisée, peuvent maintenant transmettre aux autres la sagesse de Dieu. Je vois là, en effet, la passion triste de la souffrance.

Le mois dernier, une association humanitaire de Saint-Lô avait invité un missionnaire installé au Burkina Faso pour raconter son œuvre. Il raconta, entre autres très nombreuses aventures, celle-ci : un villageois vint le voir un jour pour lui demander pourquoi les Européens plaisent plus à Dieu. Pourquoi ? demande le missionnaire. Car Dieu envoie la pluie aux Européens et pas à eux depuis plusieurs années, dit le villageois. Le missionnaire lui répondit : « N'insulte pas Dieu et viens chercher avec les autres comment garder la rare eau qui tombe du ciel dans les champs, au lieu qu'elle ne reparte immédiatement dans le lit de la rivière ».

Je fus frappé par le ton péremptoire du missionnaire, quand il a dit au villageois de ne pas insulter Dieu. C'était un ton qui ne souffrait aucune réplique. « N'insulte pas Dieu. » Comme si le missionnaire ... disait la vérité : tu as insulté Dieu. Deux choses. La première est le ton péremptoire, que le missionnaire justifie tacitement par son « expérience » de la connaissance de Dieu. Je connais Dieu et je t'affirme que tu l'as insulté. Deuxième chose : de son expérience subjective, il légitime un droit à imposer cette vérité à une autre personne. Tu as insulté Dieu : ceci est la vérité que tu dois faire tienne.

Peut-on reprocher à un missionnaire de vouloir imposer une vérité subjective comme s'il s'agissait d'une vérité objective ? C'est sa raison d'être : de missionner, c'est-à-dire de convertir, c'est-à-dire de substituer une vérité intérieure à une autre.

Mais là n'est pas l'essentiel pour le sujet qui nous occupe. Cette histoire est la preuve qu'une vérité intérieure, subjective, dans une société moderne, ne doit pas être imposée à quelqu'un d'autre quand bien même nous en sommes très fortement convaincus. C'est l'avènement de la science moderne qui a permis que soit mis un frein aux intrusions permanentes dans les consciences que les religieux s'autorisaient sur les laïcs. La force de la vérité subjective est insidieuse : elle en appelle toujours aux sentiments, positifs ou négatifs. La vérité objective n'a jamais besoin de recourir à ce qu'on appelle aujourd'hui la manipulation mentale pour aller d'un esprit à un autre. Le sentiment occulte la logique; la personne convaincue de sa vérité peut vous amener à vous faire du mal en flattant votre besoin de sécurité par exemple.

D'autres, pour inscrire en vous leur vérité personnelle, vont lui donner l'apparence d'une vérité objective. C'est ce que font les pseudo-scientifiques.

Toujours est-il qu'une personne habitée d'une vérité intérieure possède naturellement une grande force de conviction. Il est difficile de résister aux volontés de cette personne.

Ceux qui sont habités d'une grande vérité intérieure soit ne vont pas en faire l'étalage, soit vont en parler en s'assurant en même temps de stimuler votre sens critique, soit vont essayer de vous convaincre coûte que coûte que leur vérité est universelle.

J'espère, cher lecteur, que vous m'aurez rangé dans la deuxième catégorie !

Ce pouvoir de conviction est réel. Pour éviter qu'un charlatan ne l'utilise sur vous pour remplacer vos vérités par les siennes, ayez le réflexe de tout questionner. De questionner par rapports à vos propres vérités intérieures et par rapport aux vérités objectives. Méfiez-vous de ce qu'on vous fait faire, car on accorde toujours plus facilement à ce qu'on a fait le statut de vérité plutôt qu'à ce qu'on a entendu ou lu. Pour vous convaincre, on peut vous faire manipuler un engin truqué. Les publicités montrent toujours des gens en train de faire : ce n'est pas par hasard mais pour vous convaincre plus rapidement, parce que spontanément on s'imagine en train de faire comme. Donc on déduit de cet exercice tacite d'imagination que la publicité dit vrai. Sauf si ensuite notre sens critique s'active pour questionner cet exercice imaginaire.

La vérité et son pouvoir de conviction : elle fait de l'histoire humaine un drame perpétuel.

PEUT-ON COMMUNIQUER ?

Juillet 2019

– Une subtile différence –

Il m'arrive souvent de penser à la lecture de tel ou tel texte ou en écoutant des émissions de radio, que la communication entre individus serait plus une question de volonté qu'une question de possibilité. Ces personnes qui écrivent ou qui parlent à la radio assument, sans l'exprimer explicitement, qu'en 2019 avec tous les moyens de communication à notre disposition, on ne saurait avoir d'excuse pour ne pas contacter quelqu'un, pour ne pas obtenir une information de quelqu'un, pour ne pas rencontrer un ou des groupes de personnes qui partagent les mêmes centres d'intérêt que nous. Celui qui ne communique pas est celui qui ne veut pas communiquer, pense-t-on communément de nos jours, me semble-t-il. Tacitement. C'est là un non-dit, ou un paradigme, que je perçois souvent — mais je puis me tromper.

Untel vit seul dans son coin. Pourquoi ? demande-t-on. Car il n'a pas internet, répond-on. Et parce qu'il ne fait pas d'effort pour sortir, pour aller vers les gens. Et même sans internet, de nos jours ce ne sont pas les affiches qui manquent, même à la campagne, pour annoncer là un concert, ici un repas dansant, là une pièce de théâtre, là une conférence. S'il reste seul, c'est de son entière responsabilité, pense-t-on spontanément.

Imaginons que nous prenons ce solitaire par la peau du cou, pour le porter contre son gré à une conférence ou à un repas à thème. Une fois « lâché » sur place, allons-nous l'observer aller vers les gens ? Va-t-il parler à ces inconnus dont il est entouré ? Va-t-il même, qui sait, nouer des amitiés ? Car nous avons pour lui levé l'obstacle de la volonté de communiquer. Nous l'avons amené aux gens, lui qui n'avait pas la volonté d'aller vers eux. Nous avons suppléé à ce qui lui faisait défaut ; maintenant, il ne peut que communiquer. Il ne saurait en aller autrement, car nous vivons dans une époque de communication totale, inédite depuis le début de l'histoire de l'humanité ! Si un chinois est en mesure de communiquer avec un agriculteur français — pour lui acheter ses terres par exemple — ce personnage solitaire qu'on a mis au milieu d'une foule de braves gens est plus qu'en mesure de communiquer à tour de bras.

Il ne peut agir qu'en Homo communicus, pensons-nous spontanément, aujourd'hui en 2019. Qui communique communie : cela ne se refuse pas.

Eh bien pas du tout.

Le lascar solitaire reste solitaire dans la foule. Même dans la foule qui partage les mêmes centres d'intérêt que lui. Pourquoi reste-t-il seul ? Pourquoi ne communique-t-il pas ? Pourquoi commet-il cet affront au dogme de notre siècle du « tout connecté » ?

Est-il un menteur ? Car comme Jean-Paul Sartre l'a dit, le mensonge est l'ennemi du dialogue. Mentir, est-ce communiquer ? Posons ici que non, ce n'est pas communiquer, car le menteur joue un rôle. Il n'est pas authentique. Si l'émetteur radio envoyait des fréquences « menteuses » à nos postes de radio, ceux-ci ne produiraient aucun son compréhensible.

Posons donc que le lascar ne soit pas un menteur — s'il venait à être identifié comme tel, cela expliquerait son isolement.

Reste-t-il muet ? Sartre a dit aussi que le silence est l'ennemi du dialogue.

Voilà donc, en effet, notre lascar muet. Il ne parle avec personne. Il a bien échangé quelques phrases ici et là, au début, mais maintenant il fait la carpe.

Décidément, ce lascar solitaire fait preuve d'une mauvaise volonté affligeante ! Le taiseux !

Ou bien ? Voyez-vous des gens aller vers lui ? Observez attentivement. Non. Personne ne va vers lui. Que se passe-t-il donc ? Excluons aussi qu'il soit un étranger et ne comprenne ni la langue ni les us et coutumes des personnes présentes. C'est un gars bien de chez nous, et même pas idiot. Même pas simple d'esprit. Il a tout pour lui, il a été bien éduqué, il a fait des études, il a une vie professionnelle. Il est propre, il ne pue pas, il est bien vêtu. Il s'est contenté d'échanger quelques phrases avec une ou deux personnes, il a regardé, il a écouté, il a souri à droite et à gauche, il a mangé un morceau, un petit four du buffet en libre service. Autour de lui tout le monde parlait, en petits groupes. Et … il est parti. Sans dire au revoir à personne. Sans être remarqué de personne. Il a comme filé en douce.

Où est le problème avec ce gars (ou cette fille) ?

Après avoir fait plusieurs sorties similaires, qui se sont toutes terminées aussi pitoyablement, le lascar solitaire a décidé un jour de ne plus sortir du tout de chez lui. À part pour faire de la marche à pied, faire du vélo ou aller à la mer. Mettons-nous à sa place : il se demande à quoi bon aller à des évènements, des soirées, si c'est pour ne rien apprendre, pour ne pas s'amuser et pour rentrer seul. À chaque fois.

Peut-être qu'il estime qu'il n'a rien à dire qui puisse intéresser les personnes présentes ? Peut-être qu'il estime que les personnes présentes n'ont rien d'intéressant à lui dire. Donc que les échanges entre lui et eux sont impossibles de facto, parce qu'il n'y a rien à échanger.

Oui, en effet : c'est cela la raison de son isolement. En effet. Parfois, toute communication est inutile. Parfois il est inutile de chercher à « faire du lien ». Au contraire, forcer la communication serait désagréable pour l'un et pour l'autre. Car il n'y a rien à échanger.

Est-ce si surprenant ?

Oui : cela va à l'encontre du culte moderne de la communication totale. Mais la nature humaine fait que nous ne pouvons pas communiquer avec tous. Parce qu'existent entre nous des différences. C'est la réalité.

Oui : cela va à l'encontre d'un autre culte moderne, celui qui voudrait que nous soyons tous semblables. Car si nous sommes tous semblables, de fait nous pouvons tous communiquer entre nous, tout le monde avec tout le monde. Et même s'il y en a qui sont différents, tant mieux : par la communication il sera possible de faire connaître au plus grand nombre, puis de faire accepter au plus grand nombre, leur différence. « Les différences enrichissent » : c'est le grand slogan de la communication planétaire, sur une planète habitée par des individus tous semblables.

Mais non. Cela, c'est encore un point de vue idéologique. Ce n'est pas la réalité.

Ces deux cultes modernes engendrent la situation suivante : À la limite, la personne qui est biologiquement différente, qui est autiste, trisomique, handicapée, voit sa différence mieux intégrée dans le grand tout de la société, que la personne pour qui la communication n'est pas utile. Ne lui apporte rien. Ne l'enrichit pas (intellectuellement, moralement, spirituellement). Cette personne se fait mettre au ban de la société si elle déclare que, parfois, à tels moments ou en tels ou en telle compagnie, elle préfère ne pas communiquer.

Ouh le prétentieux qui s'estime meilleur que les autres ! Qui ne veut parler ou écouter que quand bon lui semble. Ouh le vilain qui refuse de communiquer alors que nous faisons tant d'efforts en société pour que ceux que la nature a limités, puissent communiquer comme tout le monde ! Si Facebook, Twitter et autres réseaux sociaux se sont exponentiellement développés sur internet, n'est-ce pas pour assouvir le très humain besoin de communiquer ?

Je parle par expérience, vous l'aurez compris. Je suis ce lascar solitaire. C'est tout cela que j'ai ressenti, de nombreuses fois. Le sentiment que toute communication était inutile parce qu'il n'y avait rien à échanger. Objectivement.

Plus important que l'exégèse personnelle, je veux ici mettre une thèse en lumière : autant les personnes avec des différences flagrantes sont mises sur un piédestal médiatique et les médias nous rabâchent alors les oreilles avec l'intégration, le vivre ensemble, l'universalité des droits, l'égalité, autant les personnes qui sont un peu originales sont priées de rentrer dans le moule. Soit on est « conforme », soit on est biologiquement difforme. Celui qui, comme moi, est biologiquement conforme mais pense et agit de façon originale, celui-là inquiète plus. Il attire à lui les désapprobations. En effet, il ressemble tellement à monsieur tout le monde, qu'on s'attend à ce qu'il pense et agisse comme monsieur tout le monde. Mais non : il questionne, il tergiverse, son enthousiasme n'est pas total. Il n'a quasiment pas d' « amis » sur

Facebook et Twitter. Donc peut-on lui faire confiance ? Est-il prévisible ? Méfiance ... Et de facto son originalité attire les déséquilibrés, les narcissiques, les belliqueux, tous pourtant des moutons comme les autres. Les moutons et les chefs du troupeau essaient de le faire rentrer dans le rang ; peine perdue.

Je ne nie pas être un original. Je ne nie pas que rares sont les personnes qui m'intéressent. Mais n'est-ce pas parce que notre société ne sait plus comprendre, donc accepter, les petites différences inter-individuelles, qu'elle est devenue si individualiste ? Et c'est là une question qui vaut pour moi autant que pour les « moutons », notez bien.

À une de mes tantes j'expliquais un jour pourquoi les livres « classiques » ne m'intéressaient pas. Madame Bovary, les frères Kamazarov, Germinal, etc. Je lui disais que je préférais les documentaires et les biographies, les récits de voyage. Quelques mois plus tard, une autre personne me vantait les classiques, Balzac, Hugo, etc. Je devais alors repenser à mon année de sixième, quand j'avais dit à ma professeur de français que je n'aimais pas le livre qu'on lisait actuellement en classe. Me demandant pourquoi, je lui répondis que c'était parce que tout le monde devait le lire. Elle n'a rien dit ... Le gamin de onze ans qui sort ça ! À cet âge, j'avais pourtant déjà conscience de l'existence de « mécanismes » qui rendent les gens pareils. Identiques entre eux. Ce mécanisme-là, scolaire, des lectures obligatoires mais aussi les mécanismes psychologiques, tel le besoin de « faire comme ». Faire comme untel, untel qui de facto devient chef de groupe. Au collège, par la suite, quand des élèves parlaient debout devant la classe, je m'amusais à prendre conscience des tournures de phrases et des gestes (mimiques) que ceux-ci avaient certainement hérités de leurs parents et reproduisaient inconsciemment. D'autres, au contraire, possédaient un vocabulaire et des gestes qui leur étaient propres.

Ceci pour dire que, après ces deux remarques, j'en suis venu à questionner mon désintérêt pour les classiques. Pourquoi accorde-t-on tant d'importance aux classiques ? Car n'est-ce pas dans ces livres — ces livres qui ont été adorés par de nombreuses générations de jeunes gens — qu'on trouve montrées, détaillées, expliquées les différences fines entre les individus ? Les subtils écarts dans les jugements de valeur, dans les priorités, dans les centres d'intérêts, dans les pensées et dans les actes. Et dans ces livres classiques, les auteurs ne montrent-ils pas que ces petites différences peuvent se cumuler jusqu'à aboutir à la création de fossés infranchissables entre des groupes sociaux ou des pays entiers ? Jusqu'à mener aux pires immoralités qui, pourtant, ont toujours des justifications.

Est-ce bien cela que les classiques enseignent ? — et dont les moutons et moi sommes ignares ? Les subtiles différences.

Posons que oui. La pensée moderne n'est plus habitée par ce gradient des petites différences interindividuelles. C'est pour les besoins de la communication totale qu'il fut nécessaire d'abandonner ce gradient et de le remplacer par des « cases » bien identifiées et délimitées. Car quand chaque individu est unique, la communication n'est-elle pas difficile ? Mais oui, elle est difficile ! N'enseignons plus les classiques : voilà qui fera oublier l'importance de ces subtiles différences... Voilà qui va permettre de créer une petite dizaine de cases où ranger convenablement tous les comportements qui existent sur Terre. Et toutes les cases se valent : on est tous égaux.

La démagogie de l'éducation nationale n'est pas seule en cause dans l'abandon des classiques et donc dans l'abandon de la fine construction de l'individu.

De nos jours, mondialisation oblige, les cultures de tous les pays se rencontrent, se croisent, se mélangent. Il est alors possible que cela tende à gommer, à aplatir, les différences entre individus au sein d'une même culture. Auparavant, quand les déplacements des personnes et des biens étaient laborieux donc restreints, il était intéressant de se démarquer de son voisin, de ses amis, des membres de sa famille. Chacun se donnait ainsi une « valeur » dans un espace de vie de quelques kilomètres carré. Je crois que la confrontation à une certaine diversité, à la différence, est importante pour le bien-être mental. Et de nos jours, par la télévision, par internet, par le cinéma, les livres, nous sommes confrontés aux autres cultures. L'espace de vie est le monde. Cela assouvit peut-être totalement notre humain besoin de rencontrer la différence. Il ne paraît plus nécessaire de se démarquer du voisin. Il suffit de se démarquer de celui qui vit sur un autre continent. Alors le contenu des classiques sur la fine construction de l'être humain ne paraît plus indispensable ni même nécessaire.

En retour, ce changement affecte notre culture. D'une part, comme expliqué, la lecture des classiques n'apparaît plus pertinente. D'autre part, les moyens de communication à l'échelle mondiale, qui sont en nombre réduit, affectent aussi notre culture : on pense en termes de « post » sur Facebook, de « tweet » et « retweet » sur Twitter, de « snap », de « like », de « share ». Ces moyens de communication forment — donnent une forme — à nos pensées. Et délimitent nos pensées. Car pourquoi penser quelque chose qui ne pourrait pas être communiqué ? Dans ces réseaux sociaux, on ne communique que via de courts messages, où des symboles (« émoticons ») remplacent la description de ce que nous ressentons. Et, si on prolonge, ces moyens techniques délimitent notre vécu, en nous orientant vers ce qui se fait, vers les comportements limite, en posant les comportements inadmissibles. On « voit » via Facebook, via Twitter, via Instagram, ce que les autres aiment faire en priorité et détestent avant tout. Ces réseaux sociaux sur internet, et les moteurs de recherche sur internet, fonctionnent par proposition des résultats les plus utilisés. Ces systèmes s'auto-simplifient donc sans cesse. D'où une simplification croissante des contenus des pensées, des formes de pensées et des comportements. Eh oui : aujourd'hui on qualifie de « sans valeur » toute action qu'on ne peut pas partager sur Facebook, Twitter ou autre réseau, forum, newsgroup. On « est » ce qui est partageable sur internet. Le vécu qui ne se laisse pas partager, est rangé dans la catégorie « vieilleries » ou « fêlés ».

Notre culture s'homogénéise par le « filtre » de nos techniques de communication et par un mécanisme de conformation sociale que j'appelle « faire comme tout le monde parce que c'est bon pour la société ». Ce dernier mécanisme n'a rien de neuf, mais il a aujourd'hui pour conséquence ceci : que les gens subtilement différents sont jugés nocifs parce que entravant la rencontre des cultures à l'échelle mondiale. On se méfie du type qui reste seul dans son coin parce qu'il peut gêner le processus de mondialisation, processus qui est bon pour la société, donc tout le monde doit aller dans ce sens et ceux qui ne vont pas dans ce sens nuisent à la société. Nuisent au bien-être commun. C'est ce qu'on reprochait aux premiers agriculteurs bio dans les années 1960, culte du progrès oblige. Celui qui ne fait pas comme le groupe trahit le groupe.

Mais je m'éloigne du thème de la communication …

Donc : les communications interindividuelles dans leur forme et dans leur contenu, qui auparavant servaient justement à valoriser les subtiles différences entre individus, aujourd'hui ne le permettent plus. La forme et le contenu (attendu) des communications ne le permettent plus. Le lascar solitaire, qui jette un œil original sur le monde, reste seul à la conférence, à la fête du village ou du quartier, et rentre seul chez lui. On ne le comprend plus. Lui ne comprend plus les autres. Même sans utiliser Twitter ou autre. Par contre l'autiste, le trisomique, le déficient mental, ou même l'immigré, bref celui qui est radicalement différent, fait l'objet de toutes les attentions.

À méditer, ne pensez-vous pas ?

Autre chose. De facto, voyez-vous que la société présente est plus apte au régime politique totalitaire, que la société d'hier nourrie aux classiques ? Hier, c'était l'individu qui primait, avec ce qui faisait de lui un être unique, d'où les grandes lois humanistes qui ont été prises pour pouvoir vivre ensemble dans une société pacifiée et pacifiste, où l'on enseignait à exprimer et faire cohabiter les subtiles différences entre chaque individu. Aujourd'hui, c'est la culture du pays ou celle de la communauté qui prime — parce que nous avons changé d'échelle. La vie est internationale de nos jours. Le moindre objet que nous utilisons a été conçu et construit dans plusieurs pays. Nos habits et même notre nourriture sont internationaux. À cette échelle, les subtiles différences interindividuelles ne peuvent que perdre leur importance.

C'est là un effet de système, c'est un effet du changement d'échelle, et non pas un effet de volonté consciente. Les partis politiques nationalistes ne sont pas à l'origine du déplacement de la focalisation (focalisation sur la nation et la communauté plutôt que sur l'individu). Ces partis veulent utiliser cette situation à leur fin — du moins ils croient pouvoir l'utiliser. Ils pensent pouvoir faire renaître les mouvements nationalistes d'antan. Mais le chemin de la « grande histoire » n'est pas celui-là. S'ils parvenaient à reconstruire un tant soi peu un édifice totalitaire comme ceux d'antan, cet édifice serait liquéfié comme un château de sable sur la plage. Les individus d'hier qui ont succombé aux promesses des dictateurs ne sont plus ; aujourd'hui le culte de la personne n'est plus possible parce que les gens n'ont plus conscience de ce qui différencie un sage d'un intellectuel, un guérisseur d'un médecin, un paysan d'un agriculteur. Les gens n'ont plus conscience des subtiles différences interindividuelles ; ils ne savent plus déterminer la valeur d'un individu, de ses pensées, de ses émotions, de ses actes. Tout cela, les grands médias et la culture internet ne le permettent plus. On croit que tout le monde peut tout faire.

Non, les grandes questions qui vont structurer notre avenir proche sont : comment s'adapter au changement climatique, comment contrôler l'intelligence artificielle, quel prix sommes-nous prêts à payer pour concevoir des engins voyageant dans l'espace à la vitesse de la lumière, comment se débarrasser des pesticides et autres substances de synthèse qui nous empoisonnent, comment créer des pans de la société où l'argent n'a plus cours, comment faire cohabiter le droit au travail manuel et le droit au travail mécanisé sinon robotisé, comment gérer les natalités à l'aune de l'utérus artificiel, comment gérer la longévité à l'aune de l'homme techniquement augmenté, comment redonner de l'espace à la faune et à la flore sauvages ?

À toutes ces questions, il faut amener des réponses à la fois sur les plans international, national, sur le plan de la conformité sociale (comportement dominant dans une société), sur le plan des différences biologiques socialement admises (autisme, trisomie, handicaps) et sur le plan des subtiles différences interindividuelles.

Oui, quelque part, nous devons refaire une place au gradient des différences individuelles. Il le faut. Nous ne pouvons pas continuer à communiquer en forme et en contenu avec des techniques, des us sociaux, qui « mettent les gens dans des cases ».

C'est bien trop simple. Sans quoi, au vu de ces questions qui vont structurer notre demain, nous perdrons notre humanité à l'échelle du système solaire et au-delà.

Pour donner à nouveau une chance à la fine construction de l'individu, il faut balayer toutes ces grandes cases dans lesquelles la technique, mais aussi les administrations, les gouvernements, nous enferment toujours plus. La multiplication des cases ne rend pas justice à la nature humaine ; mais elle profite aux comptables, aux banquiers, aux personnes les plus riches, aux entreprises les plus puissantes selon le vieil adage de diviser pour mieux régner. Il faut remettre en cause la spécialisation du travail. Il faut remettre en cause toutes ces lois qui encadrent les moindres gestes des individus et les découragent de penser par eux-mêmes — parce que leurs gestes normés, encadrés, ne permettent pas une libre utilisation de la sensibilité.

Épilogue

Ai-je réussi à vous convaincre de quoi que ce soit, cher lecteur ? Je l'espère. Je ne prétends pas avoir énoncé ici quelque vérité universelle ; seulement la vérité de mon expérience et de l'interprétation que j'en fais, avec la logique qui est la mienne. Un énoncé de vérité devrait coller plus parfaitement à la réalité, me direz-vous. Il devrait être aussi objectif que possible. C'est certain. Pour être honnête avec vous, sachez que je n'ai même pas songé à faire cet effort d'objectivité ! Je suis parti de moi-même, en me comparant à quelques autistes célèbres et en envisageant les difficultés sociales que rencontrent parfois les surdoués[7]. Puis j'ai réuni, autour de ces considérations, des pensées

---

7   Josef Schovanec et Daniel Tammet pour l'autisme, Jeanne Siaud-Facchin et Céline Bost pour les difficultés relationnelles que peuvent rencontrer les surdoués. Surdoués : notez que c'est là une « case » qui est très contestable.

éparses pour « remonter » jusqu'au niveau de la société et de son évolution.

Vous connaissez sans doute autant d'arguments qui soutiennent ma thèse que d'arguments qui l'invalident. Est-ce dommageable pour ma thèse ? Après tout, cet équilibre du pour et du contre envers ma thèse n'est-il pas la preuve de sa qualité ?

Voyez-vous, je ne prétends pas atteindre la vérité. Par contre, ce qui est important pour moi est de développer une pensée vivante ; une pensée « dans le mouvement ». Une pensée qui vient de quelque part, qui fait ses racines, puis se développe, s'étale aussi largement que possible et se termine en faisant une graine. À défaut de terminer en vérité universelle, ce qui est l'objectif des textes académiques. Ma pensée n'est pas figée, fixée, exactement définitive. Comme il y a autant d'arguments pour que contre, elle est en balance, elle est susceptible de déséquilibre, donc de mouvement. Le mouvement, c'est la vie, n'est-ce pas ? Et la communication implique aussi le mouvement, donc le déséquilibre, donc la différence, donc la bonne communication est celle qui peut réunir les subtiles différences…

POURQUOI ÉCRIRE ?

Mai 2019

Je m'apprête à publier mon quatorzième livre en cinq ans. Ça marque un homme ! Je me sens proche d'un écrivain qui produit beaucoup : Michel Onfray. Lui est célèbre, moi inconnu. Lui écrit désormais, et depuis une vingtaine d'années, pour transmettre. Il transmet le fruit de ses recherches littéraires et de ses réflexions avec l'objectif que cela soit utile à ses lecteurs. Michel Onfray est un philosophe du peuple : il écrit pour le peuple. Il enseigne au peuple l'histoire des idées, des disciplines, des courants, des révolutions, des croyances. Des mythes qui entourent les « grands intellectuels ». Il propose au peuple une autre lecture du monde que celle que les journalistes, les intellectuels en vogue, les politiciens, les marchands et les industriels veulent inculquer au peuple. Il propose au peuple, pour le résumer en quelques mots, un seul enseignement : l'enseignement de la liberté de pensée. Cet enseignement sert à tout un chacun pour s'épanouir et pour identifier les ennemis de la liberté de pensée.

Et moi, pour quoi est-ce que j'écris ? Qu'est-ce que j'ai à transmettre ?

Pour quasiment tous mes livres, je ne me suis pas posé la question. J'ai écrit parce que l'écriture me permettait de mettre en forme, d'ordonner et d'exprimer tout ce que je ressentais et tout ce dont j'avais fait l'expérience. Les livres que j'ai écrits étaient pour ainsi dire derrière moi : ils sont les fruits mûrs de mon expérience et de mes réflexions. Mon dernier manuscrit est celui d'un roman : pure œuvre d'imagination, basé sur la réalité que j'altère à ma guise. Aurais-je des lecteurs pour ce livre ?

Sans aucun doute, non. Mes deux précédents romans, qui ont pour décor des petites communes des environs, ne sont pas trouvés ou pas retenus par les lecteurs. C'est ainsi. Il y a déjà tellement de livres en vente ! Lire un auteur inconnu, un roman qui de plus se déroule dans une commune inconnue, dans un département peu peuplé, personne n'ose faire ça. C'est le risque de perdre son argent, après tout, que d'acheter le livre d'un auteur inconnu, publié par un éditeur inconnu. Même moi je ne lis pas de livres d'auteurs dans mon genre, c'est-à-dire d'auteurs qui passent par l'impression à la demande sans comité de lecture. Mon « éditeur » BoD se contente de m'attribuer un numéro ISBN et de faire le dépôt légal à la BNF. BoD n'a pas de comité de lecture pour garantir la qualité des écrits. C'est moi seul qui fais les corrections, la mise en page et la couverture. C'est ce qu'il y a de plus facile pour être publié, j'en conviens. Ça permet d'être publié, car les maisons d'édition connues refuseraient mes ouvrages. Mais le lecteur-acheteur prend un risque. La réputation des livres ainsi publiés est mauvaise : les lecteurs trouvent les fautes d'orthographe trop nombreuses, le style trop mauvais, la structure des écrits trop rudimentaire. Même si les livres ainsi publiés sont environ deux fois moins chers que ceux d'un éditeur conventionnel, les lecteurs hésitent à les acheter. C'est comme pour les films : les grands studios de cinéma sont garants de la qualité. Tout le reste n'est que navets, en général. Ce genre de film diffusé en milieu d'après-midi, avec une mauvaise bande son et des effets spéciaux navrants. Certes, il existe un public pour ce genre de mauvais film. Mais un public pour les mauvais livres ? Je ne crois pas.

Donc pourquoi écrire, si ce n'est pas pour être lu ?

J'écris avant tout parce que ça me fait plaisir et parce que ça me construit. Le processus de rédaction m'édifie. Plaisir et édification. J'ai souvent entendu dire qu'un écrivain doit avoir envie d'être lu. Que c'est pour être lu qu'on écrit. Rien de plus faux selon moi ! Mes livres qui se vendent le mieux (je vends environ 150 livres par an) ne sont pas ceux pour lesquels j'ai le plus pensé au lecteur durant la rédaction. Ce sont ceux qui correspondent aux modes : la mode de l'agriculture biologique sur petite surface (le « micromaraîchage ») et la mode de l'élevage d'insectes. Deux livres d'agroécologie et mon livre d'élevage d'insectes représente 90 % de mes ventes. Mes essais et romans, dont je trouve l'originalité exquise, n'intéressent personne. Ce qui est à la mode se vend bien.

On m'a aussi dit que pour bien vendre, il faut vendre ce qui répond à un besoin. Et les meilleurs vendeurs créent le besoin.

Pour mon dernier roman, je me suis donc dit que j'allais essayer autre chose : essayer de gagner de l'argent. Donc je dois être lu donc je dois répondre à un besoin donc à une mode ou à un secteur de consommation stable. Je fais un pari, le pari table du secteur du roman ésotérique réaliste, qui doit répondre au besoin d'angoisse de la jeunesse d'aujourd'hui. On verra si je fais le bon pari… Par moment, je suis convaincu que c'est ce que je dois faire. Par moment, je n'en vois pas l'intérêt.

Rien n'étant jamais simple, il y a je crois encore une raison pour laquelle j'écris, et elle est manifeste, sinon explicite, dans certains de mes textes : j'aime me sentir être à la frontière. À la frontière de mes ressentis, à la frontière de mon savoir, de ma logique, de ma créativité technique. Je ne reste pas au centre de moi-même, et j'écris le récit de mes aventures à la frontière de moi-même, c'est-à-dire de mon intellect, de mon savoir, de mon ressenti, de mes expériences.

La frontière tout court m'intéresse : je vis pour et par la question du sens de la vie, question-frontière s'il en est. C'est pour moi la frontière ultime. Ni pour mon activité de maraîcher ni pour mon activité d'écrivain je ne cherche la performance économique. La rentabilité, le rendement horaire, le bon placement parmi la concurrence, les « like » sur Twitter ou Facebook ne me motivent pas. Si ces choses adviennent, c'est uniquement comme conséquences involontaires et socialement déterminées de mes activités motivées par la question du sens de la vie. Car je cultive comme j'écris et j'écris comme je cultive : pour discerner là où s'arrête notre humanité (nos savoirs, nos techniques, nos traditions, nos espoirs).

Pourquoi devrais-je me cantonner à ce que je connais déjà? Je ne pourrais pas vivre dans un monde que j'ai déjà totalement parcouru.

Ce qui ne signifie pas que je n'aime pas mon « centre ». Ce centre qu'on a tous et qu'on pourrait appeler notre « zone de confort » : notre routine, nos habitudes, les personnes et les lieux qui nous sont familiers, connus, prévisibles. C'est là où on dort le mieux. Peut-être un jour écrirai-je, pour changer, un livre dédié à cette zone de confort? Avez-vous déjà lu Stephen King ? Ses livres sont poignants, ses livres nous prennent au cœur, parce qu'il décrit admirablement cette zone de confort, qu'il va ensuite confronter au diable, aux mystères, aux dieux punisseurs, etc. Petit à petit tout le confort va s'écrouler face à la menace. Peur, suspense, apparitions d'horreur, effondrement… Alors qu'au début du livre, quand Stéphan King décrivait la zone de confort, que c'était agréable pour le lecteur ! En lisant les premiers chapitres de ses livres, qui pourtant se déroulent aux USA et dans des contextes très variés, à chaque fois je ressentais ceci : « ah, je me sens comme à la maison ». À la différence de mes livres dans lesquels, dès le début, je mets le lecteur dans une situation inconfortable, où je pointe ce qui ne va pas et les efforts qu'il devra faire pour parvenir au bout du livre. Et je n'y vais pas par quatre chemins : mes phrases sont rudes, mes arguments carrés, mon style direct. On ne me lit pas par plaisir, c'est certain ! Pauvre lecteur qui a bien du mérite ! Sauf mes nouvelles et romans bien sûr, dans lesquels j'essaye d'attraper doucement l'âme du lecteur pour le faire voyager entre réel et imaginaire.

Durant les années à venir, je vais continuer à écrire. Les idées ne manquent pas, les occasions d'écrire un court texte pour commenter telle ou telle bêtise entendue dans les médias ou chez les soi-disant experts ne manquent pas non plus. Jamais. Le jardin et les rencontres me donnent souvent des occasions de réfléchir — et donc d'écrire — sur ce qui passe pour des évidences. Les occasions de retourner les pensées sont nombreuses, afin par exemple de démontrer aux apôtres du compromis que faire deux pas en avant et un pas en arrière, ça ne fait pas avancer. Au contraire ça empêche d'avancer ! Ça fait croire qu'il « suffit de ». Il m'est tout aussi agréable de relever une évidence, qui m'est longtemps passée inaperçue ou insignifiante ou trop évidente donc banale, pour la désosser et faire ressortir les caractéristiques honteuses des institutions, des entreprises ou des personnes qui en sont à l'origine.

En tout cas, j'adresse ici un sincère merci aux courageux lecteurs, qui ont lu mes textes et achetés mes livres. J'espère avoir comblé leurs attentes en termes d'originalité, de précision, de cohérence, de « jusqu'au-bout-isme » et d'imagination. J'espère ne jamais les laisser sur leur faim.

Merci.

PS : n'oubliez pas que les mots ne sont jamais définitifs. Ils servent à décrire la réalité, à l'expliquer, ou à exprimer notre imagination. Mais ils n'ont pas le pouvoir de nous empêcher de créer une nouvelle réalité. Ne vous laissez pas enfermer dans les mots. Après un mot, il est toujours possible d'écrire un nouveau mot. Un autre mot.

DESTINS CROISÉS

Juillet 2019

« La magie des rencontres ». N'est-ce pas ainsi qu'on pourrait décrire le flux des personnes qui entrent et qui sortent de notre vie ? On ne sait jamais à l'avance ce que chaque nouvelle personne rencontrée va nous faire vivre, au moment de la première rencontre comme au moment de la séparation finale, et entre temps. Tout cela est si imprévisible.

À part les membres de notre famille, en fin de compte rares sont ceux qui demeurent longtemps dans notre sphère privée. La majorité ne fait que passer, bonjour, au revoir, à demain, adieu. Chaque fois on s'enrichit grâce à l'autre de savoirs, d'émotions et de vécu, chaque fois on apprend à mieux connaître l'autre, chaque fois on apprend à mieux se sonder soi-même.

Notre culture occidentale est basée sur l'idée, tacite et explicite, qu'une personne en particulier devrait un jour rentrer dans notre vie et ne plus en sortir : cette personne est « l'être aimé ». Mariage, pacs, concubinage, qu'importe la dénomination tant que c'est cette seule personne qui nous accapare. Qu'importe son sexe aussi, différent ou identique au nôtre. Voilà ! Ceci est notre norme culturelle, qui pourrait être différente, mais il n'est pas ici dans mes intentions de la critiquer.

Ici je souhaite extérioriser et questionner un curieux sentiment dont j'ai fait plusieurs fois l'expérience : que les personnes qui rentrent dans ma vie et auxquelles je m'attache, sont celles qui en sortent assez rapidement. Ce sont toujours des espoirs déçus, des rencontres qui démarrent bien et qui finissent mal. Les émotions, bien sûr, me mettent sous leur contrôle durant les premiers temps de la rencontre. Puis, quand je connais mieux la personne et qu'elle me déçoit, mon intellect prend le dessus sur les émotions et je fais passer à cette personne des sortes de tests. Afin de confirmer ou d'infirmer ma déception. Tests que ladite personne ne comprend pas comme tels mais comme des reproches voire des agressions. Je passe donc pour un sans-cœur. Pour une âme et triste et torturée. Disons que c'est ma façon de voir ce que cette personne « a dans le ventre ». Si elle est déstabilisée par ces tests, quelles que seront ses réponses, déjà je sais que cette personne n'a plus rien à m'apporter et que moi je n'ai plus rien à lui apporter.

Je ne dis pas là que je me prétends parfait ou meilleur que tout le monde, non. C'est simplement que j'ai mes domaines d'intérêt et que si la personne ne m'apprend rien dans ces domaines ou que je ne puisse rien faire avec elle dans ces domaines, je ne sais pas quoi faire d'elle. Et huit années de vie en couple qui se sont pitoyablement terminées, m'ont appris à ne pas me fier à la surface des gens. Surtout si la personne en question est le potentiel « être aimé ». Je dois sonder le cœur de cette personne, je dois essayer de faire bouger ses bases, je dois lui faire dire ce qui est important pour elle par-dessus tout.

Ce que, jeunesse oblige, je n'avais pas fait avec la première femme, le premier grand amour, de ma vie.

En plus je n'aime pas parler de choses sur lesquelles je n'ai aucune prise, aucun impact, aucun effet. Dans ces conditions je préfère me taire plutôt que de polémiquer inutilement. Pour moi, « l'être aimé » doit servir à quelque chose. Sinon, elle doit au moins être capable de s'asseoir avec moi et contempler la nature, le ciel, les étoiles. Comme deux êtres unis parce que tous deux ils font face à l'infini du monde et de la vie… L'être aimé n'existe que sous les étoiles.

Les gens qui me rencontrent et qui veulent être proches de moi (ce qui est tout de même très rare et pourrait ne plus se reproduire) voient quelque chose en moi. Quoi exactement ? Mon originalité, je pense. C'est la raison pour laquelle j'ai le contact assez facile : sans que je n'ai aucun effort à faire, juste la façon dont je me comporte, ce dont j'aime parler, mes arguments, mon style de vie, tout cela « nourrit » ces gens. Je leur apporte quelque chose, un autre regard sur la société, sur la vie. Tel que je suis, je les sors de leur routine et cela leur fait du bien.

C'est là le croisement de leur destin avec le mien.

Pour ceux — pour celles plus exactement — qui veulent aller plus loin avec moi ... c'est là que les doutes et les douches froides vont commencer ! Surtout si elles ne savent pas vraiment ce qu'elles veulent. On trouve mon jardin superbe, mes fruits et légumes très bons, mon éthique magistrale, ma cohérence courageuse, mon hygiène de vie très respectable, ma façon de vivre en équilibrant travail manuel et intellectuel digne de louanges. On me dit que j'ai plein de belles qualités. Oui, et alors ? Merci pour ce miroir florissant que vous me tendez, mademoiselle, mais je me porte bien, moi. Et vous, qu'allez-vous faire pour vous porter mieux ?

Le « truc » à savoir, c'est que si ces personnes trouvent ma vie belle, c'est que la leur ne l'est pas vraiment. Et je n'ai rien d'autre à donner pour que ces personnes progressent dans leur propre vie, que l'opportunité de faire un bilan de leur vie. Mon chemin de vie, qui est mon destin, ne vaut que pour moi. En voyant comment je vis, elles vont questionner leur propre vie. Mais vouloir vivre avec moi ? C'est une toute autre question ; l'enthousiasme de la première laisse croire à l'enthousiasme de la seconde.

Cependant, et je dois ces justes paroles à Jean-Yves Fromonot, formateur à la ferme de Sainte-Marthe, je suis très attristé quand la personne me dit « qu'elle doit d'abord continuer à faire ceci, afin d'acquérir cela, et quand elle aura cela elle pourra faire telle ou telle activité, et alors elle sera devenue comme ci ou comme ça... ». Elle deviendra une personne au grand cœur, altruiste, aimant la Nature, les animaux, solidaire avec les malchanceux de la vie, etc. Le formateur avait dit à tous les stagiaires qu'il faut procéder de façon inverse : il faut d'abord être, puis faire, puis avoir. Parce que si vous voulez vraiment changer de vie, il faut dès maintenant changer votre façon d'être. Il faut voir le monde différemment. Il faut le comprendre différemment. C'est dans notre être, dans notre for intérieur, au tout profond profond que se trouve notre motivation. Et c'est là que tout commence. Pas dans ce que nous avons (que ce soit une maison en matériaux écologiques, une serre, un beau jardin, des animaux, etc) ni dans ce que nous faisons (jardiner, faire de la poterie, écrire, etc). Tout découle de notre être. Quand on sait qui on est, quand on a la volonté d'être soi-même, alors on est en mesure de restructurer toute notre vie. De la même manière qu'un cristal de glace se développe : la glace s'agence automatiquement en prolongement fractal de la forme initiale. Du tout premier petit cristal. Soyez la forme initiale. Commencez par ça[8].

Vous comprenez qu'en fin de compte, personne ne change de vie. On ne fait jamais que se rapprocher de soi-même, on ne devient jamais quelqu'un d'autre. « Changer de vie », c'est juste une formule marketing. Ça laisse croire que c'est possible et facile comme changer de costume. Ça fait vendre.

---

8 Comme je l'ai expliqué par ailleurs, avoir un journal intime est un bon moyen pour exprimer, donc connaître vraiment, notre for intérieur. Mais ça ne se fait pas en un jour.

Mais je reviens aux personnes que je rencontre.

Aussi, je n'aime pas qu'une personne me dise que « moi aussi j'aime la Nature » et en même temps qu'elle vive loin d'elle en pensée, en cœur et en actes. J'ai connu des personnes qui se disent écologistes, amis de la Nature, et qui comme serment d'amour envers la Nature se contentent de randonner (en parlant sans cesse) et de regarder les oiseaux à la jumelle une ou deux fois par an.

Attention, comprenez-moi bien : ces personnes sont peut-être en chemin vers plus de proximité avec la Nature au fil des ans. Peut-être. Mais quand je leur demandais si elles étaient prêtes à travailler avec la Nature, à avoir un métier au grand air, elles me disaient non. Donc c'est par abus de langage qu'elles disaient aimer la nature. En fait, je suis convaincu que leur petit intérêt pour les animaux ou les plantes cachait juste une envie d'autre chose — des trente stagiaires de la formation bio que j'ai faite en 2012, seul un autre est devenu maraîcher. Les autres, en fin de compte, voulaient juste voir autre chose. Mais oui !

Pour certaines de ces personnes que j'ai rencontrées, cet intérêt affiché pour la Nature servait à se donner bonne conscience ou à paraître écolo. Ou il suffisait qu'elles sachent la Nature présente et elles se sentaient bien. Et je préfère cette affirmation aux précédentes ! Car si à quarante ans on dit aimer la nature, mais qu'on préfère exercer un métier de bureau, c'est qu'on aime pas tant que ça la Nature. Eh oui ! C'est que ce n'est pas notre destin de côtoyer la nature. Et il n'y a aucune honte à avoir de vivre sans se préoccuper de la Nature. C'est la diversité humaine, tout simplement. Chacun se préoccupe de ce que le destin lui a mis entre les mains, c'est tout. Cela vous suffit de savoir la nature présente ? Alors n'ayez pas peur de le dire sincèrement. Dans notre société, les personnes qui vivent et travaillent avec la nature sont une petite minorité. Pourquoi voulez-vous qu'on vous croit l'une d'elles ? Ne faites pas d'abus de langage.

Il y a un petit test que je fais « passer » à celles et ceux qui affirment aimer la nature : le test de réaction face à la complexité de la nature. C'est simple : si vous trouvez les insectes ou les oreilles de chat repoussantes, si les fonds boueux des fossés vous répugnent, c'est que vous n'êtes pas « destiné » à côtoyer la nature. Moi, tout ce que je viens de vous énumérer, ça me faisait peur avant la vingtaine. Mais notez : j'avais envie de surmonter ces peurs. Ces sentiments de gêne et d'inconfort face à la Nature que je regardais ; ses enchevêtrements de formes et de couleurs qui me paraissaient inexplicables, inquiétants mais impressionnants quand même. Je voulais avoir les yeux grands ouverts devant la Nature et ne plus en avoir peur. J'ai eu une période de désintérêt pour la Nature, de 25 ans (fin de mes études) jusqu'à 29 ans, pour des raisons professionnelles. Je ne parvenais pas à trouver de métier en lien avec la Nature. Ensuite je suis revenu à la nature, en laboratoire d'abord, puis en l'enseignant, puis en devenant maraîcher. Depuis l'enfance, la Nature m'a interloqué. Depuis ce moment où j'ai, par jeu innocent, « nourri » un petit canard avec du sable. Qu'avais-je fait là ? J'avais tué, de mes mains, mon premier être vivant. Pour voir ce que ça faisait si on donnait du sable à manger au canard. Qu'il est facile pour l'humain de tuer les animaux ! Pourquoi est-ce si facile ? Que tue-t-on ? Deux questions qui, à bientôt quarante ans, m'interloquent toujours. Et cimentent mon lien avec la Nature. J'ai une histoire personnelle avec la Nature. Mais si à quarante ans vous n'avez pas connu cela, si vous n'avez pas éprouvé le doigt de la Nature qui se pose sur votre coeur et médité ce contact, la nature que vous percevez dans mon jardin n'est pas du tout celle que moi je perçois. Vous découvrez la

Nature, vous êtes au début du chemin — donc certains de mes livres comme L'éphéxis au jardin et Le bonheur au jardin sont au-delà de votre compréhension.

Mais peut-on découvrir la passion de sa vie à quarante ans ? Je ne le pense pas. Si vous venez à la nature à quarante ans, ce ne peut être qu'en prolongement de ce que vous avez vécu depuis vos vingt ans. C'est un passage de fil en aiguille, progressif. Si vous changez du tout au tout pour fuir vos vingt précédentes années de vie, passer de banquier à jardinier par exemple, en rupture totale, vous ne serez pas un bon jardinier. Vous ne pourrez d'abord faire qu'une seule chose : essayer de comprendre les vingt années que vous venez de vivre. Le jardin sera plus … une sorte de thérapie, de processus pour vous « réaligner avec vous-même ». Pour retrouver votre for intérieur. Et une fois cela fait, il n'est pas certain que jardiner continue à vous plaire.

Me comprenez-vous ? Durant ces années de « nouvelle vie » au jardin, le flux de puissance pour ainsi dire était du jardin vers vous. Ensuite, saurez-vous équilibrer ce flux ? Aurez-vous envie de donner de vous-même au jardin ? De lui abandonner une partie de vous-même ? De votre égo. Cela demande un vrai courage (qui est la raison d'être des deux livres cités plus haut). Beaucoup ne l'ont pas et se réfugient derrière la technique et le rendement du jardin. Cet écran de technique et de rendement enveloppe et maintient leur égo. Et enveloppés de cet écran ils ne voient pas ni la Nature ni eux-mêmes. Ou c'est l'inverse : parce qu'ils ne veulent pas voir ils se démènent à monter cet écran. À l'épaissir. Ou aussi par conformisme social : car c'est dans l'air du temps d'impressionner par les performances techniques plutôt que par l'amour de la terre et des plantes. Ils restent en fait eux-mêmes ; ils ne laissent pas la Nature les changer doucement.

Pensez-vous que je sois mono maniaque ? Que j'évince toute personne qui ne m'est pas utile ? Que je ne noue de contacts qu'avec les personnes qui ont les mêmes intérêts que moi, la Nature et la réflexion intellectuelle ? Que je sois incapable d'apprécier — et à fortiori de vivre avec — des personnes qui me sont différentes ? Mais ne fais-je pas comme tout le monde : poser des limites ? Non, je m'entends bien avec certaines personnes, tout en sachant que je ne pourrais pas vivre avec elles quotidiennement. Avec ces personnes il y a croisement de destin. Du moins il y a contact des fibres de vie en surface, pas à cœur.

Si croisement il y a, c'est qu'il y a un début au croisement et une fin au croisement. Avec les personnes qui me furent chères, les fins furent pitoyables. L'amour s'était transformé en question qui, faute de chacun pouvoir évoluer pour écrire une réponse commune à cette question, menait à la séparation.

C'est pourquoi je ne crois plus en l'amour, comme expliqué dans mon texte *La dictature de l'amour*[9]. Ce qui m'ôte vraisemblablement toute possibilité de contact physique jusqu'à la fin de ma vie. Tant pis !

Qui aimerais-je rencontrer un jour ? Sans aucun doute, et ce depuis longtemps, quelqu'un qui m'impressionne. Quelqu'un qui me fasse dire : « Waouh ! Comment il / elle fait ça ? » Une tante m'avait dit un jour que j'étais en quête d'un modèle. Qu'un modèle m'avait manqué durant ma jeunesse. C'est en effet ce que je cherchais dans mes lectures de biographies : des vies de référence. J'ai fait ces lectures, et j'ai évolué. Ma vie s'est améliorée.

Jusqu'à aujourd'hui. Car aujourd'hui je ne ressens plus aussi fortement ce besoin de me « nourrir » de la vie de personnes

---

[9] In *Pensées cristallisées*, BoD, 2018

remarquables. En fait c'était plus qu'un besoin intellectuel, c'était vital pour moi. Et toutes ces personnes (Alexandra David Neel, Lawrence d'Arabie, Albert Schweitzer et bien d'autres dont je ne saurais citer les noms spontanément), d'une manière ou d'une autre, transparaissaient à travers moi aux yeux des personnes qui venaient à croiser mon chemin. J'étais une « synthèse ambulante » de tous ces pionniers dans leurs domaines respectifs, synthèse volontairement animée dans mes centres d'intérêt personnels. Cela donnait une « teinte » certaine à la rencontre. Jusqu'à aujourd'hui, car maintenant je n'ai plus envie de me remplir de la vie des « grands hommes ». Je largue toutes mes amarres intellectuelles[10].

La qualité de mes écrits s'en ressent peut-être, tirant vers le bas. Ou non, je ne saurais dire. Je me vide et j'hésite à refaire le plein. Pour quoi faire ? Pour quel objectif de vie ? Car c'est cela qui maintenant me fait défaut. Maintenant que j'ai pleinement réussi, depuis deux ans, ma double vie d'écrivain-jardinier.

Cette double vie est désormais sans surprise pour moi. Je ne sais pas si je puis encore y apprendre quelque chose. Mais que faire d'autre ? Je n'ai aucune réponse à avancer ! Et comme je l'expliquais dans un autre texte, je voudrais bien me libérer de la nécessité de toujours, sans cesse, constamment, devoir vouloir. Je voudrais vivre, un peu, sans rien vouloir. Afin de connaître un certain repos de l'âme si je puis dire. Et conséquemment un repos des cellules grises, car quand je veux, je dois réfléchir. C'est là, sans aucun doute, une des fatigues inhérentes aux personnes travaillant à leur compte : si ce n'est pas la main, c'est la tête qui travaille.

---

10 Mais il ne faut jamais dire jamais : en faisant les corrections de ce texte trois mois après l'avoir écrit, je me rends compte qu'entre-temps j'ai lu un livre qui m'a fortement impressionné.

La Nature m'a-t-elle appris tout ce que je suis en mesure d'apprendre ? Peut-être. Je suis quelqu'un de pénible à vivre au quotidien car la constance érode rapidement mon enthousiasme et ma joie de vivre. Mais qu'est-ce que l'alimentation idéale ? me susurre la nature. Quel est le secret des plantes qui poussent bien ensemble ? Pourquoi certaines variétés sont-elles adaptées à ma terre et d'autres non ? Qu'est-ce que le goût ultime, total, d'un légume ou d'un fruit ? Essaieras-tu de cultiver telle variété ? Le jardin continue à me mettre tout un tas de questions devant les yeux. L'aventure va chemin continuer… Même si par moments la motivation quitte la scène.

Toutefois, je sens que ce n'est pas d'une nouvelle nouveauté, d'un nouveau changement, dont j'ai besoin aujourd'hui. C'est, dans un même temps, de me départir de ce couple d'inséparables [changement & constance]. Et cela va passer par une phase dont j'ignore le déroulement. J'ai juste l'intuition que ce sera une phase de peu de mots, de peu de livres, de peu de réflexions. Le changement ne se fera pas par la tête. Ce sera du vécu.

Donc en ce moment de motivation au point mort, il est difficile de me croiser, car je ne suis pas épais du tout. De plan, je deviens fil vu en profil. C'est la vie qui tourne ! Que les gens aillent vers mes livres ; c'est pour eux que je les ai écrits.

Enfin, de toutes celles et de tous ceux que j'ai croisés, qui disaient vouloir travailler avec la Nature, rares sont ceux qui l'ont fait. Je le redis et c'est avec cela que je conclurai. La condition pour pouvoir travailler avec la Nature est simple : c'est de donner la priorité à la Nature. C'est d'être au champ, au jardin, dans la forêt, avec les animaux, quand c'est le bon moment pour eux. Ce qui ne coïncide pas avec « le bon moment pour nous ». Si on rechigne à se soumettre à la Nature, si on a d'autres préoccupations en tête, si on pense « j'aurai bien un peu de temps entre deux pour aller au jardin », il faut savoir dire stop et changer d'activité. Car les résultats ne seront satisfaisants ni pour la nature ni pour nous.

On croit qu'on peut tout faire : c'est de la pure vantardise. Mais c'est dans l'air du temps de se dire jardinier. Moi quand j'ai démarré mon jardin en 2012, tous ces gens-là m'impressionnaient avec leur jardin où « ça pousse tout seul, on n'arrose même pas dans la serre, ça produit énormément, on a lu Rabhi et Fukuoka ». Quelques années après, je vois que tout cela n'était qu'esbroufe et je vois les plants de tomate qui finissent de pourrir en serre durant tout l'hiver…

Quant aux personnes qui souhaitent que je leur explique mon jardin agroécologique en moins d'une minute, je leur dis en souriant que mon activité est un métier et que ce n'est pas comparable avec le jardinage amateur. Pour mon propre bien-être, je m'investis volontairement très peu dans certaines rencontres. Le manque de substance est aussi dans l'air du temps.

DE QUOI AVONS-NOUS PEUR ?

Septembre 2019

J'ai lu Sagesse, Vivre au pied d'un volcan, de Michel Onfray, 2019. Michel Onfray, philosophe populaire le plus prolixe et le plus médiatique de France, écrit énormément : il publie deux voire trois livres par an. Dans les années 2000 je n'aimais guère ce philosophe. Je ne comprenais pas quels étaient ses objectifs. Pourquoi philosophait-il ? Je trouvais que son écriture manquait de goût, d'élan. Que c'était une écriture qui ne se dépassait pas elle-même*. En 2015 j'ai par hasard ré-ouvert un de ses livres, qui m'a décidé à ne pas camper sur mon opinion — il n'y a que les idiots qui ne se remettent pas en question. J'ai écouté plusieurs de ses conférences du cycle Contre-histoire de la philosophie, de l'université populaire de Caen. J'ai lu son traité d'athéologie et son traité de déconstruction de la psychanalyse freudienne. Et Cosmos, 2015, bien sûr, ainsi que plusieurs de ses autres livres à vocation politique. Décadence, 2017 : un livre que je n'ai pas aimé parce que trop similaire au traité d'athéologie. Et enfin Sagesse, livre par lequel Onfray nous promet une philosophie de vie pour gérer et dépasser la fin de la civilisation judéo-chrétienne, fin de vie dont nous faisons aujourd'hui l'expérience.

Car c'est la deuxième thèse centrale d'Onfray : la décadence de la civilisation occidentale. Sa première thèse centrale est que le monde de la philosophie est dominé par des gens qui se disent philosophes mais qui vivent et pensent selon des principes qui n'ont rien de philosophique. Onfray débusque les faux philosophes, et plus généralement toutes les personnes qui mentent, qui dissimulent, qui inventent des concepts pour impressionner, le tout afin d'asseoir leur autorité et leur renommée. Sa troisième thèse centrale est l'immanence : n'existe dans le monde que ce que nos cinq sens peuvent appréhender. Il n'existe aucune réalité supérieure et infinie : tout le monde est là devant nos yeux. Les mondes des dieux, des anges, des esprits, des forces, tous ces mondes proclamés par les religions et les spiritualités ne sont que des fadaises pour impressionner les gens, pour leur faire miroiter le bonheur et, sous la promesse d'atteindre ce bonheur, pour contrôler les gens et les soumettre mentalement et physiquement à un clergé. À un gourou, comme le dirait Onfray.

Bref, après avoir lu Sagesse, il me semble avoir retrouvé le Michel Onfray des années 2000 : un matérialiste, tout simplement. Un matérialiste hélas un peu ennuyeux ; après avoir lu Cosmos j'attendais mieux de lui. J'attendais non pas un nouveau retour aux sources, mais un dépassement, une innovation. Comme il l'explique lui-même, la philosophie romaine, qui est l'objet de Sagesse et la solution promise contre la décadence de l'Occident, est la philosophie de ses vingt ans. Qui, si j'ai bien compris, lui a permis de sortir du couple christianisme / athéisme. Pour la religion, contre la religion, au-delà de la religion : la philosophie romaine de l'immanence, de l'ici et maintenant. Nous sommes déjà dans l'infini du cosmos par-dessus nos têtes et sous nos pieds. Nul besoin d'inventer d'autres mondes. Voilà qui devrait suffire pour abandonner toutes nos peurs existentielles.

Cependant, cela ne me suffit pas. Je trouve que ce n'est pas assez, et que cela ne peut pas amener l'humanité assez loin. Je retrouve le non-dépassement que je trouvais dans ses premiers livres. Même si son écriture est plus fluide, plus emportante, plus émotive.

Explications.

Philosopher sur la Nature, son essence, son évolution, est impossible ; la philosophie — littéralement l'amour de la sagesse — ne concerne que l'humain. La Nature ne se pense que par la science. Michel Onfray écrit qu'inventer des concepts, qui ne sont jamais que des néologismes, est inutile en philosophie. Cf. Montaigne : un grand philosophe qui n'inventa aucun concept. L'homme ne change pas, d'un siècle à l'autre. Il n'a jamais que la philosophie de son corps et des relations sociales, ni plus ni moins. C'est pourquoi les grandes préoccupations des philosophes, depuis la Grèce antique, sont toujours valables de nos jours. Mais l'invention de concepts est utile et nécessaire pour comprendre la Nature. Et ça fonctionne. Penser la nature est une discipline qui a énormément évolué depuis la Grèce antique, pour devenir aujourd'hui une discipline rationnelle, raffinée et extrêmement précise (il existe près d'un millier de disciplines scientifiques).

La philosophie de l'immanence de Michel Onfray, qui consiste à « vivre en romain », est une philosophie pour la vie de tous les jours. Elle ne relève pas de la science — et elle n'a pas prétention à s'y substituer. Mais invite-t-elle l'homme à dépasser son savoir ? Ou ses illusions ? Si j'affirme que « je peux être plus que ce que je suis », cette affirmation semble nulle et non avenue dans la philosophie de l'immanence d'Onfray, où n'existe que le monde matériel et où n'existe que l'être humain tel qu'il est et a toujours été. Et cette philosophie semble être toute entière contenue dans des règles de vie : le mos majorum, p. 468 de Sagesse.

Donc Onfray se fait le défenseur d'une façon de voir le monde (immanente, matérialiste, réglée). Il prend parti, il n'est pas neutre, et cela on ne peut pas le lui reprocher. C'est son bon droit — même si on pourrait attendre d'un philosophe, surtout un philosophe populaire, qu'il transmette plus des façons de penser objectives que des pensées. Mais il coexiste tellement de définitions de la philosophie…

Tout ceci pour que je puisse enfin écrire qu'une autre façon de voir le monde existe aussi. Quand bien même Onfray se revendique de la vérité historique. Non pas celle des croyants dans les divinités (conception du monde combattue par Onfray), non pas celle de ceux qui estiment que la pensée, l'idée, le concept, est l'essence voire la substance du monde (aussi combattu par Onfray), mais celle des doctes ignorants, qui prennent en compte l'inconnu et les limites du savoir dans leur vie. Qui vivent avec le « il y a peut-être… » et qui veulent explorer ce « peut-être », quitte à traverser les frontières du corps et de la société (le mos majorum implique la croyance aux dieux, mais en leur assignant une place bien concrète, tout en posant qu'il est inutile et impossible de savoir ce que font les dieux). Le matérialisme, c'est-à-dire la religion de l'immanence, est l'affirmation que ce dont nous ne pouvons pas avoir conscience, ne peut pas influencer le cours de nos vies. Par exemple : l'inconscient, Dieu — l'inconnaissable intérieur, l'inconnaissable extérieur. Pour nous n'existe que ce dont nous pouvons avoir conscience. Tout ce dont nous avons conscience, nous pouvons le contrôler ou nous y adapter. Le reste est insaisissable.

Donc n'est-ce pas rejeter la folie, en en faisant un simple dysfonctionnement biologique ? La folie n'est-elle pas la preuve que nous pouvons aller au-delà de nous-mêmes, volontairement et consciemment ? Bref, je crois que Michel Onfray a tant et si bien fondé et étayé sa position philosophique que la voie de la docte ignorance ne lui est plus visible, minuscule microscopique point de départ situé entre les croyances et les charlatans. Qui est une voie qui mène au dépassement de soi.

Onfray me dirait que le « dépassement de soi » est un concept fumeux et il me rangerait promptement dans le tiroir de gauche pour ainsi dire, avec les charlatans (les faux philosophes).

Mais pas si vite...

Je reproche aussi à Décadence et Sagesse d'être des livres trop livresques. J'y lis peu d'expériences vécues de l'auteur, mais beaucoup d'analyses de textes (disons d'interprétations de textes, car l'analyse est un procédé qui se veut objectif). Onfray tombe sous le coup de sa propre critique : philosopher à partir des livres n'est pas la « vraie » philosophie (une philosophie vécue du vécu). Ces livres manquent d'ouverture. La question est posée, la solution est donnée, le tout avec la méthode Onfray (cf. ses thèses centrales).

C'est peut-être une obligation quand on fait dans le populaire : donner des réponses. Ça rassure. Ça fonde l'action. C'est bien mais, pour moi, c'est insuffisant. Je requiers l'ouverture au doute et à l'inconnu. Je requiers de voir les limites de l'intellect, de l'imagination, du savoir. Je vois la vie comme la corde d'un arc tendue entre ce que nous savons et ce que nous ignorons. Il faut de la distance entre l'un et l'autre, sans quoi il n'y a pas de tension. Pas d'énergie qui puisse nous propulser. Pas de force vitale.

Moi tous les jours dans mon jardin je vois et je vis avec cette tension. Je vis avec l'incertain et l'inconnu de la Nature. Je ne vis nullement dans un jardin où tout est connu et connaissable. Quand ma vision et ma connaissance augmentent, c'est parce que je me suis dépassé moi-même. Je ne suis plus le même qu'hier et que l'an dernier. Mon jardin est infini ; je ne peux qu'être comme lui si je prétends au titre de jardinier. Vivre selon le mos majorum dans mon jardin serait trop réducteur.

Je faisais dans un autre texte le reproche aux sociologues d'étudier la vie qu'ils ne vivent pas pour ensuite prétendre en être des experts. Michel Onfray, à trop vouloir écrire, néglige peut-être le temps pour vivre. Vivre, c'est se dépasser, c'est se renouveler. J'attends le livre où Onfray détaillera son passage à une nouvelle position philosophique.

En début de texte j'ai mis un astérisque pour indiquer ceci : que l'écriture est un métier dans lequel on progresse. C'est-à-dire que nos critères de satisfaction personnelle évoluent au fil des livres. Je le constate moi-même, surtout dans mes fictions. Qu'est-ce qui rend l'écrivain le plus fier dans son dernier livre ? Les descriptions précises des lieux ? La diversité des personnages créés ? L'adoption de différentes perspectives ? La complexité de l'intrigue ? La graduelle transformation de la réalité quotidienne et banale en un chaos imprévisible ? Chaque fiction est un monde en soi, donc riche de très nombreux aspects ; c'est le métier que d'apprendre à maîtriser tous ces aspects et à créer des aspects. Les textes de réflexions et les essais sont en ce sens plus simples : ils sont centrés sur un nombre très réduit d'aspects de la vie. Aller dans le détail d'un fait ou d'une pensée implique la spécialisation. Au départ on s'attache surtout à l'aspect logique de notre démonstration / de notre développement. On pose a, on constate b, on déduit c, on fait le parallèle avec d, on conclut e. Etc. On divise et on sous-divise chaque aspect pour affiner la résolution (la finesse) de notre pensée. On se satisfait de cette finesse. Puis on se satisfait de pouvoir incruster la finesse d'analyse et de démonstration dans un style plus souple (plus littéraire) d'écriture, enchaînant émotions et logique sans les confondre. Quant à moi, je me satisfais aussi, et souvent surtout, d'aller aux limites du vécu et du pensable. J'aime entraîner le lecteur jusque-là avec moi. J'en retire de la fierté.

Et je n'en ai pas peur. Je ne cherche pas, dans mes essais, dans mes textes de réflexions, à trouver des réponses parfaites. Je veux l'ouverture au doute et à l'inconnu ; je n'en ai pas peur et je suis même convaincu que cela constitue une saine mentalité. Que cela constitue un véritable humanisme — qui ne saurait être un matérialisme qui s'auto-félicite, telle la philosophie de l'immanence. Je ne veux pas non plus d'une religion ou d'une spiritualité qui rassure, ou d'une philosophie aux concepts impressionnants qui cachent des montagnes de mystères. La véritable imagination n'est ni dans l'une ni dans l'autre. L'imagination requiert ... d'avoir l'esprit vide.

Mais est-ce que j'arrive vraiment à amener le lecteur à ce point-là ? Et suis-je vraiment la fière description que je donne de moi-même ?

Quant à la tension... La tension implique un travail qui sera toujours inachevé. Elle implique une satisfaction qui ne sera jamais une perfection. Ainsi les franc-maçons représentent-ils une pyramide, symbole de l'édifice personnel : sans le pyramidion. Ce pyramidion tout au sommet, cette perfection, n'appartiennent pas au règne de l'humanité... Je revendique cette tension pour travailler à me dépasser moi-même, tout en sachant que je ne puis pas moi-même être le certificateur du travail accompli. Ce serait abus d'orgueil. À quoi bon se mesurer soi-même ? Car on ne peut jamais faire que quatre choses : travailler (c'est-à-dire se dépasser soi-même tout le temps, faire de chaque jour une opportunité pour voir le monde d'un oeil neuf), se reposer, fainéanter (c'est-à-dire refuser de travailler) et se perdre.

Me voilà arrivé au bout de ma pensée, pour le présent texte et pour le présent livre. Je ne saurais faire un pas de plus, et j'en suis très satisfait. L'esprit vide, je peux m'en retourner au jardin. Et de ce vide je n'ai pas peur.

Mais de quoi avons-nous peur, pour nous raccrocher ou au matérialisme ou à une religion ?

LE POIDS DE SOI-MÊME

Octobre 2019

Ne vous est-il jamais arrivé de vous sentir lourd ? Lourd de pensées, de façons de penser, d'espoirs, d'attentes, d'envies, de petits plans, de rêves qui s'agitent en vous depuis de trop nombreuses années ? Ce sont toujours les mêmes rêves et espoirs secrets qui reviennent, en fin de compte. Vous ne les dépassez jamais, vous y revenez sans cesse. Vous les ressassez. Il vous accompagnent dans votre quotidien, car vous les ressortez quand vous avez des problèmes, des soucis ou même quand tout va bien. Votre torse se bombe alors, par fierté de vivre en adéquation avec ces rêves – ou plutôt parce que vous voulez croire que vous vivez à la hauteur de vos rêves. De ces vieux rêves vous extrayez une sorte de jus motivationnel dont le goût vous est familier. Et depuis tant d'années. Alors en fin de compte ce n'est plus qu'un goût. La substance du rêve est partie. L'essence du rêve n'en est plus qu'un souvenir. « C'est ça la vie que je mènerais un jour. Un jour je vivrais cette vie qui sera à ma hauteur ».

Oui, toutes ces idées et ces rêves un peu mégalomanes vous ont tenu debout pendant de nombreuses années. Ils ont été votre carburant secret. Vos secrets espoirs. Ils vous ont procuré de l'enthousiasme, de l'envie de vivre. Du réconfort, surtout et souvent. Mais ils étaient si hauts, si vastes, que maintenant vous comprenez que pour les réaliser, il eût fallu que vous soyez parfait. Et le monde autour de vous également. Dans ce beau monde parfait et parfaitement ordonné, vous pourriez occuper la place ultime qui serait la vôtre… Si vous étiez parfait, puissant, intelligent, audacieux, hardi, téméraire, fort, endurant, persuasif, manipulateur et hautement spirituel.

Objectivement, votre vie est-elle plutôt un échec ? Ou au contraire votre vie est-elle plutôt un succès, en ce sens que vous avez atteint les buts que vous vous étiez fixés ? Perdu ou arrivé à bon port, qu'importe ! Vous vous sentez lourd de vous-même. De tout ce bagage d'idées et de rêves de votre vie passée, depuis l'enfance jusqu'à aujourd'hui. Vous continuez à trimballer ce passé, et le présent se fait passé, et le présent n'arrive pas à devenir autre chose que le passé.

Ah ! Qu'il serait agréable de se débarrasser de tout ce fatras vieillot. De tout cela qu'on croyait lumineux, brillant, parfait, ultime. Tout cela, en fin de compte, qu'est-ce que c'est ? Sinon de purs rêves et espoirs. Rien de concret. Pourtant c'est ce bagage-là qui définit qui nous sommes aujourd'hui. Aurions-nous eu d'autres espoirs, d'autres rêves et idées, que nous aurions mené une vie différente. C'est certain, nous ne pouvons pas en douter. Cette « eau » dans laquelle nous avons si longtemps baigné, est-il temps de la jeter par-dessus bord ? Mais le faut-il vraiment ? Oui, c'est lourd, c'est poussiéreux, c'est vieillot, mais pourquoi ne pas le garder ? Encore un peu, juste dans un petit coin de notre esprit.

Procéder ainsi maintient le risque de pouvoir s'y replonger un jour. De se réjouir d'y croire à nouveau. Est-ce possible ? Vraiment ? Croire à nouveau à ces vieilleries ? Certes, jetons ce poids, jetons cette eau du bain, mais quid du bébé qui a nagé là-dedans ? Du bébé qui y a lavé son esprit et son cœur durant de longues années. Cette eau qui l'a purifié. La jeter, c'est jeter le bébé avec. C'est se balancer soi-même hors de soi-même. Possible ?

Et si l'on peut séparer l'une de l'autre, jeter l'une c'est se retrouver sans la petite source sacrée. Une fois le vieux bagage jeté, une fois l'eau jetée, avec quoi va-t-on faire vibrer notre for intérieur le plus profond ? Avec quoi va-t-on purifier notre élan vital, notre enthousiasme de vie, notre volonté de vie ? Avec quoi, avec quelle pensée, quel espoir, va-t-on se ressourcer ? Se réconforter ? Se réparer face aux intempéries de la vie ?

Certes, une fois cela jeté et jeté pour de bon, il n'y a plus rien. On peut se retrouver vide comme la coquille d'un coquillage. Ces choses qu'on portait étaient devenues lourdes, mais on s'était accoutumé à leur poids ; ce poids était une substance. Et cette substance, de tout son poids, pesait en nous et nous renvoyait cette idée de poids, donc cette idée que nous avions de la substance. Oui, il faut l'admettre : ces idées, ces rêves, nous donnaient de la substance. Avec eux, nous nous sentions bien, nous nous sentions justement lesté pour affronter les remous, les vagues et les déferlantes de la vie sans risque de perdre nos objectifs de vue. Avec la certitude de toujours pouvoir revenir dans ce petit coin de nous-mêmes pour panser nos plaies et renouveler notre énergie. Ce jardin secret où nous étions le seul à pouvoir entrer était à la fois du long terme et du court terme, de la stratégie et de la tactique, du général et du particulier. Cela nous accompagnait partout. Alors oui, elles sont lourdes et leur poids nous pèse aujourd'hui. Mais les jeter par-dessus bord ? Qui serons-nous, sans elles ? Sans ces idées. Par quoi les remplacer ? Pourrons-même seulement les remplacer ?

Cela fait peur. Une fois jetés, nous serons légers. La légèreté fait peur ; on peut s'envoler, on peut être amené et poussé n'importe où. On devient brindille dans le vent. Que nous restera-t-il si on s'en débarasse ? Il est exact qu'il est plus facile d'ouvrir son armoire et de décider de se débarasser, enfin, de la veste qu'on porte depuis l'adolescence. Jeter un vêtement, c'est aussi se séparer de ce qui a fait pendant un temps notre personnalité.

Pourquoi alors s'en débarrasser ? Pour porter autre chose, tout simplement. Pour se vêtir de nouveauté. Pour explorer un nouveau monde. C'est pour cela qu'il faut remercier ces rêves qui nous ont si longtemps porté, et les laisser se faire emporter par le vent, comme une vieille poussière.

Cet acte symbolique, mais aux conséquences bien concrètes, de se séparer du vieux poids qui nous pèse, mais qui représente tellement bien qui nous sommes, fait penser à la mort. La mort est le moment où on abandonne tout. Où l'on abandonne ce par quoi nous nous définissons. On n'a pas le choix, il faut tout abandonner. Ensuite, ensuite, on ne sait pas ce qu'il y a. Alors si on doit le faire de toute façon, tôt ou tard, pourquoi vouloir faire cet acte symbolique de son vivant ? Pourquoi vouloir se vider de soi-même comme, peut-être, il faudra le faire au seuil de la mort ? Pourquoi ne pas garder ce poids ? La mort se chargera bien de nous l'enlever.

Mais les alchimistes disent : « Il faut faire mourir le vieil homme ». Que ce soit au moment de mourir, ou maintenant que vous éprouvez ce poids de vous-même, qui vous pèse, en fait vous n'en décidez pas le moment. Tôt ou tard émerge en vous la conscience de ce poids et la conscience que vous pouvez vous en débarrasser. Vous avez vécu de belles années, vous avez réalisé vos projets, vous avez profité des fruits de votre labeur. Vous vous êtes accompli, vous vous êtes épanoui. Et maintenant ? C'est le paradis ? Vous voulez y restez pour toujours ? Si c'est le cas, c'est bien dommage. Vous manquez fortement d'esprit d'aventure. Vous êtes encroûté. Vous ne ressentez pas ce poids ? Ce poids qui vous ancre et vous immobilise. C'est la statue de votre victoire que vous avez érigée ? Elle est bien lourde. Certaines personnes sont ainsi, en effet. Immobiles tels des roseaux. Les différentes façons dont on perçoit le temps qui passe en sont peut-être l'explication. Certains vivent lentement, d'autres vivent rapidement. Ce que certains vivent et comprennent en deux ou trois répétitions, d'autres doivent le vivre des milliers de fois pour qu'un sentiment de lassitude s'installe. Certains ont besoin de changer de vêtement tous les ans, d'autres tous les quinze ans. Certains acceptent sans broncher d'être année après année entouré d'incompétence et de démagogie. D'autres vomissent et quittent le pays en trois ans. Ils en ont assez et voient tout ce qu'ils ne peuvent pas faire dans ces conditions. Ils ne peuvent pas attendre que la mort vienne les cueillir pour ... devenir un être nouveau.

Car c'est de cela dont il s'agit : se renouveler. Lâcher le lest de vieux rêves et devenir une nouvelle personne tout en restant soi-même. Du moins tout en gardant sa mémoire et son expérience – ce que la mort a priori ne permettra pas.

Faut-il enfin passer à l'acte ? Mais quand ? Pas avant de savoir ce qui nous attend ensuite ? Ça paraît sensé : on peut plonger dans le noir si, au loin, on voit quelque lumière briller. Faire table rase de sa personne sans savoir ce qu'on va devenir, c'est ce que certains nomment la Foi. Je pense que c'est dangereux.

Résumons. Vous avez ce poids de votre passé qui vous pèse. Vous voulez vous en séparez, pour devenir une nouvelle personne, mais n'osez pas le faire. Car vous ne voyez pas ce qui vous attend ensuite.Effectivement, on ne sais pas ce qui va advenir. Cependant, on sait une ou deux choses. Pas à propos du futur, non, bien sûr. On sait certaines choses. On les a. Déja. Ne suffit-il pas de les prendre et de partir dans une autre direction que par celle d'où l'on est arrivé ? Faire de cet objectif que nous avons atteint et vécu, un moyen pour. Ou bien en faire une base de sérénité. A-t-on vraiment le choix ? On ne s'improvise pas une nouvelle vie en tant que chef d'orchestre ou pilote de ligne par exemple, quand hier on était vendeur de ceintures ou chef d'une entreprise multinationale. On va repartir du point où nous nous trouvons aujourd'hui. La seule chose qui va changer, qui doive changer, qu'il suffit de changer, c'est la direction. Et ces rêves, ces idées, ces espoirs qu'on voulait jeter ? Eh bien quoi ? Il n'y a qu'une chose à comprendre : c'est que nous n'en avons plus besoin pour vivre. Nous n'en avons plus besoin pour mettre en branle notre volonté de vie et notre force de vie. Non pas ces rêves et ces espoirs précisément, mais des rêves et des espoirs quels qu'ils soient.

Car nous savons nous nourrir directement de la vie. Le vieil homme est mort, bienvenue dans votre nouvelle vie !

Couverture : © Benoît R. Sorel